WIE GEHT'S DIR

WELT

UND WAS IST MORGEN?

EIN BUCH FÜR JUNGE ZUKUNFTSMACHER VON
YANN ARTHUS-BERTRAND
ANNE JANKÉLIOWITCH UND MARTINE LAFFON

AUS DEM FRANZÖSISCHEN VON KRISTINA PETERSEN

GABRIEL

INHALT

WIR ALLE SIND

GESCHWISTER

Was entscheidet darüber, ob wir einem anderen gegenüber ein Gefühl der Brüderlichkeit entwickeln? Ich weiß es nicht ... Für mich gehört das zum Rätsel der menschlichen Entscheidungsfreiheit. Wir haben die Freiheit zu wählen. Manchmal wissen wir in dem Moment, in dem wir eine Entscheidung fällen, gar nicht genau, wohin sie uns führen wird. Ich denke, dass man zu Beginn einer Entscheidung besonders achtsam sein sollte, egal ob sie ein ganzes Volk betrifft oder ein einzelnes Kind.

GENEVIÈVE DE GAULLE-ANTHONIOZ (1920–2002)

PIROGGENBOOTE AUF
DEM FLUSS BURIGANGA
in der Region Dhaka,
Bangladesch.

RUDERBOOT AUF DEM NIL, ÄGYPTEN. Der Nil, mit 6671 Kilometern der zweitlängste Fluss der Welt, fließt durch neun Länder, bevor er in Ägypten ins Mittelmeer mündet. Auf dem Nil herrscht immer reger Schiffsverkehr: ein buntes Durcheinander aus luxuriösen Kreuzfahrtschiffen und bescheidenen Fischerbooten, die Viehfutter und Getreide transportieren.

MEHR

> *Verderbt nicht das, was ihr habt,*
> *indem ihr nach dem trachtet,*
> *was ihr nicht habt.*
>
> EPIKUR (341–270 V. CHR.)

BESCHEIDENHEIT

EIN FISCHER AUF DEM STAUSEE DES IMBOULOU-STAUDAMMS, LEFINI-FLUSS, REPUBLIK KONGO. Im Norden von Brazzaville, der Hauptstadt der Republik Kongo, wurde 2011 ein riesiges Wasserkraftwerk errichtet. Es sollte die Probleme bei der Versorgung der Hauptstadt mit Strom lösen. Doch nach wie vor gibt es immer wieder Stromausfälle, die die Bevölkerung in ihrem alltäglichen Leben behindern. Energie ist ein kostbares Gut und wir sollten verantwortlich damit umgehen.

EINE ANDERE ART ZU LEBEN

BEDÜRFNIS ODER VERLANGEN?

Sokrates war einer der großen Philosophen der griechischen Antike. Bei einem Spaziergang über den Markt in Athen soll er ausgerufen haben: „Lauter Dinge, die ich nicht brauche!" Aber was braucht man zum Leben, um glücklich zu sein? Wie schafft man es, zwischen wirklichem Bedürfnis und dem bloßen Verlangen nach mehr zu unterscheiden? Wo verläuft die Grenze zwischen notwendig und überflüssig?

NICHT GENUG ODER ZU VIEL?

Diogenes, sagt man, lebte glücklich in einer Tonne. Er besaß nichts als einen Mantel, einen Stock und eine Laterne. Er aß nur das, was man ihm schenkte, und ließ sich ausschließlich von den Strahlen der Sonne wärmen. Auf diese Weise wollte er vermeiden, irgendetwas Überflüssiges zu besitzen. Jeder Mensch braucht ein Dach über dem Kopf, etwas anzuziehen und etwas zu essen. Aber heißt das notwendigerweise, dass man zu viel konsumieren muss? Oft kaufen wir Dinge spontan, ohne darüber nachzudenken, ob wir sie überhaupt brauchen oder was wir mit dem Gekauften machen möchten.

TIMES SQUARE, STADTMITTE,
MANHATTAN, NEW YORK, USA.
Weniger Energie zu ver-
schwenden ist einer der
ersten Schritte, um die
natürlichen Ressourcen
zu schonen.

*Was mich in der westlichen Kultur am meisten
erstaunt, ist, dass die Menschen ihre Gesundheit opfern,
um Geld zu verdienen, und anschließend ihr Geld opfern,
um ihre Gesundheit zurückzuerlangen. Weil sie ständig
an die Zukunft denken, leben sie nicht in der Gegenwart,
und so leben sie weder in der Gegenwart noch in der
Zukunft. Sie leben, als müssten sie nie sterben, und
sterben, als hätten sie nie gelebt.*

DALAÏ LAMA (*1935)

ETWAS MEHR MÄSSIGKEIT!

Das war es, was Epikur oder Seneca in der griechischen Antike forderten. Wir sollten das richtige Maß finden, ein Gleichgewicht zwischen kurzlebigen Gelüsten und unseren wahren Bedürfnissen, zwischen Augenblicken des Genusses und dem dauerhaften Glück. Auf diese Weise würden wir mit uns selbst und der Natur in Einklang sein. Sich bescheiden zu lernen und einfach zu leben war für beide Philosophen der Weg, um ein glückliches Leben zu führen.

IN DAUERHAFTER HARMONIE

Wie kann jeder Einzelne, im Rahmen seiner Möglichkeiten, einen kleinen Teil Verantwortung übernehmen, um unseren Planeten in eine harmonische Welt zu verwandeln, in der es sich gut leben lässt? Ein guter Anfang wäre, wenn jeder seine Gewohnheiten überdenken und versuchen würde, in Maßen zu konsumieren und nichts zu vergeuden. Und sich klar darüber würde, was wichtig ist für uns, und welche Werte unserem Leben einen Sinn geben. „Tut Gutes. In kleinen Schritten. Dort, wo ihr gerade seid. Denn es sind alle diese kleinen Schritte des Guten, die, zählt man sie zusammen, die Welt verändern", sagte einmal der afrikanische Friedensnobelpreisträger Desmond Tutu.

DIE AKROPOLIS IN ATHEN, GRIECHENLAND. Viele der altgriechischen Denker, die sich mit der Frage nach Glück und Maßhalten beschäftigten, lebten und lehrten in Athen.

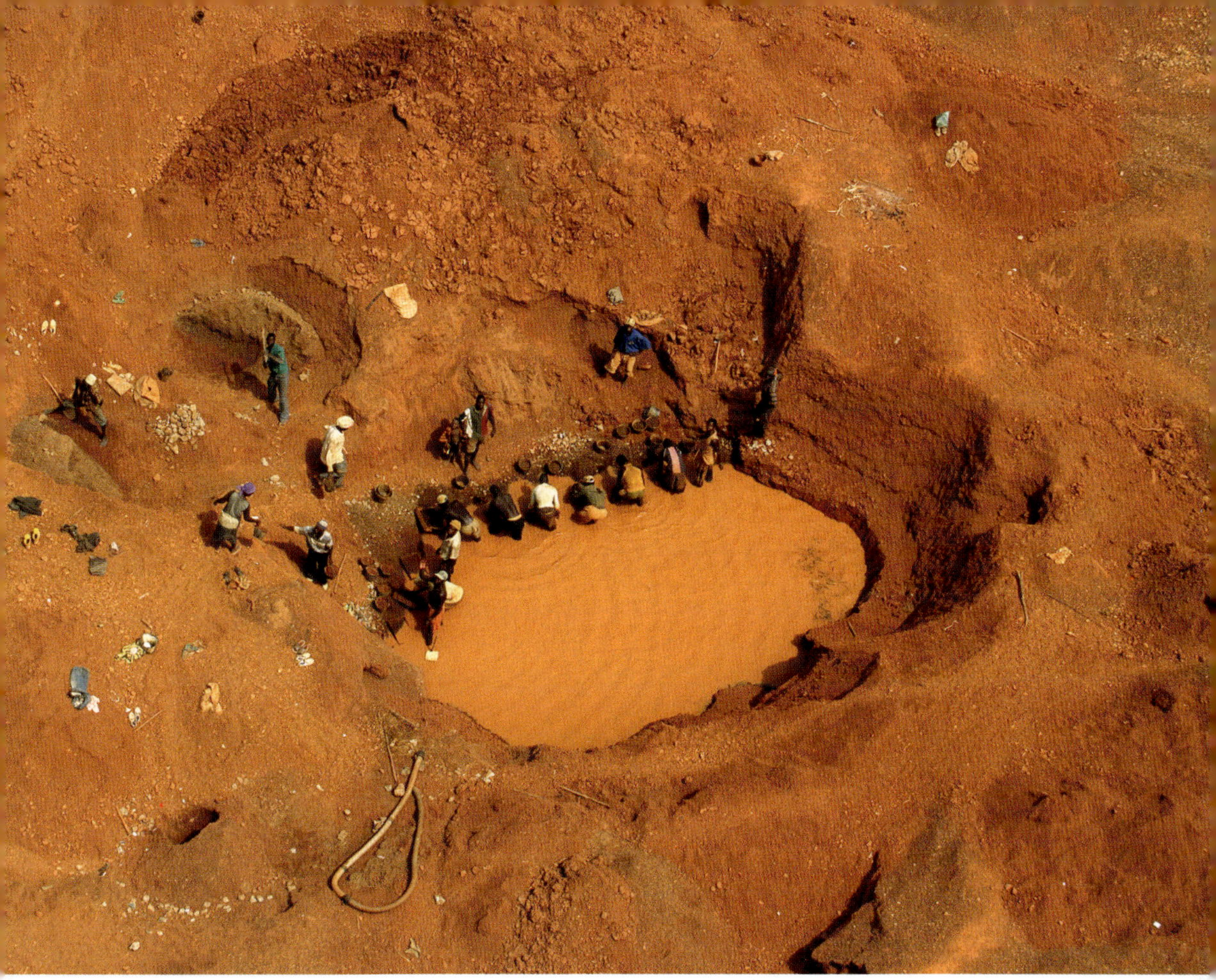

DIAMANTENMINE IN TORTIYA, KATIOLA, ELFENBEINKÜSTE. Vor fünfzig Jahren lief diese Mine noch auf Hochtouren. Heute ist sie stillgelegt, weil sie nicht mehr genügend erwirtschaftet. Trotzdem hören die Menschen aus der Gegend nicht auf, ihr Leben aufs Spiel zu setzen und im Erdreich weiter nach dem Diamanten zu suchen, der sie reich machen könnte.

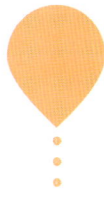

HABEN UND SEIN

DER PREIS FÜR UNSERE ROHSTOFFE

Würde man neben einem Goldring, der 5 Gramm wiegt, die ganze Erde aufhäufen, die seinetwegen aus den Minen geschaufelt werden musste, sowie die ganzen gesundheitsschädlichen Chemikalien (wie z. B. Quecksilber), die zu seiner Herstellung nötig waren, würde ein Abfallberg entstehen, der 20 Tonnen schwer wäre. Das entspricht dem Gewicht eines großen Lkw!

Alles, was wir kaufen, kostet mehr als das, was wir dafür bezahlen. Wie bei einem Eisberg, bei dem der größte Teil unter Wasser liegt, machen wir uns meist nicht bewusst, welchen Preis die Dinge haben: Um Rohstoffe zu gewinnen, nehmen wir in Kauf, gesundheitsschädliche Abfälle zu erzeugen, Wasser zu verschmutzen, Unmengen Strom zu verbrauchen. Der Transport der Waren verpestet die Luft und zahlreiche Menschen müssen unter oft bedrückenden Bedingungen für deren Herstellung arbeiten.

OPFER DER MODE

Die Hersteller von Konsumgütern hüten sich natürlich davor, uns auf diese Tatsachen hinzuweisen. Im Gegenteil, sie geben Unsummen dafür aus, um uns davon zu überzeugen, dass ihre Produkte besser sind als die der Konkurrenz – jährlich werden mehr als 500 Milliarden US-Dollar in Werbung investiert! Den ganzen Tag über wollen uns Werbesprüche auf Plakaten, im Fernsehen, im Internet, im Radio zum Kaufen bewegen.

MUT ZUM ANDERSSEIN

„Kleider machen Leute", behauptet der Volksmund. Aber es sind nicht die Markenzeichen auf unseren Kleidungsstücken, die den Wert einer Person ausmachen! Im Grunde genommen wissen wir das auch: dass wir jemanden nicht wegen seiner Markenschuhe und dem, was er hat, toll finden, sondern aufgrund dessen, was er sagt und tut. Zu seiner Meinung zu stehen, dazu gehört heute manchmal schon etwas Mut.

DIE VERGEUDUNG VON LEBENS- MITTELN

LEBENSMITTEL IN MÜLLTONNEN

Auf der Erde leben 7 Milliarden Menschen – und 800 Millionen haben tagtäglich nicht genug zu essen. Dabei werden auf der Welt jährlich 1,3 Milliarden Tonnen Lebensmittel weggeworfen!

In den Industrieländern entsorgen wir Lebensmittel, weil wir mehr kaufen, als wir verbrauchen können. Aber auch in manchen Entwicklungsländern werden regelmäßig Lebensmittel weggeworfen. Nicht weil sie nicht gebraucht würden, sondern weil es zu wenig Lagerräume, Straßen, Transportmittel und geeignete Verpackungsmaterialien gibt, die sie lange genug frisch halten würden, bis sie beim Verbraucher sind.

96 TAGE AUF REISEN: BANANEN AUS ECUADOR

Bei der Ernte in Ecuador in Südamerika werden 15% der Bananen direkt vor Ort aussortiert und weggeworfen, weil sie nicht schön genug sind oder nicht die richtige Größe haben. Die „schönen" Bananen werden auf ein Schiff verladen und nach Europa verschifft – Dauer der Reise: 12 Tage. Nach ihrer Ankunft werden sie 8 bis 10 Tage in einem besonderen Raum eingelagert, einer sogenannten Reiferei. Erst dort erreichen die Früchte die richtige Reife. 22 Tage nach ihrer Ernte in Ecuador kommen sie auf die Marktstände und

in die Regale der Supermärkte. Wenn die Bananen braune Stellen
haben oder zu reif sind, kauft sie in der Regel niemand mehr. Rund
96 Tage nach ihrer Ernte in den ecuadorianischen Plantagen landen
die unverkäuflichen und die unverkauften Bananen dann in einem
europäischen Müllcontainer ...

Wenn Du mit einer kleinen Portion anfängst und lieber noch mal nachnimmst, anstatt einen halbvollen Teller mit Essen wegzuwerfen – das hilft der Umwelt schon!

Reste lassen sich oft noch gut verwerten – einfach improvisieren!

Ordnung im Kühlschrank spart Energie!

Drei zum Preis von zwei? Nein zu Schummelangeboten!

Achte auf das Verfallsdatum und brauche die Lebensmittel auf, bevor sie schlecht werden!

Informiere Dich, um nicht blind zu konsumieren!

Alles das hat seinen Preis – an Wasser, an Erde, an Energie, an Arbeitskraft, an Transport ... Muss das sein? Wie wäre es, wenn der Verkäufer die weniger schönen, aber geschmacklich genauso guten Früchte einfach günstiger anbieten oder an die verschenken würde, die sie sich nicht leisten können? Man könnte sie auch an andere Industriezweige verkaufen, um daraus z. B. Früchtemus oder Saft herzustellen. Nur nicht einfach wegwerfen ... das würde unserem Planeten helfen.

LEBENSMITTEL SIND KEIN ABFALL, SIE HABEN EINEN WERT

Unsere Nahrung enthält Fasern, Proteine, Kohlenhydrate, Fette und Öle, Kalorien und all das, was unser Körper benötigt, um gesund zu bleiben: Sie hat einen Nährwert. Unsere Nahrung hat aber auch einen Kulturwert, z. B. wenn sie aus bestimmten Regionen kommt oder sich das Wissen über ihre Verarbeitung seit Jahrhunderten von Jahren von Generation zu Generation vererbt hat. Bestimmte Lebensmittel sind typisch für die Kultur des Landes, aus dem sie stammen und wo sie im Kreise der Familie, mit Freunden oder bei traditionellen Festen gegessen werden: Spaghetti, Couscous, Spätzle, Döner Kebap, Baguette, Curry, Tapas ... Und schließlich hat unsere Nahrung auch einen moralischen Wert: Viele Menschen haben etwas dazu beigetragen, dass dieses Lebensmittel jetzt auf unserem Teller liegt. Schon allein deshalb ist es wertvoll und verdient unsere Dankbarkeit.

DIE INDUSTRIESTADT NORILSK IM RUSSISCHEN SIBIRIEN. Zur Produktion eines Gegenstands benötigt man Rohstoffe. Das belastet die Umwelt. Wird ein Gegenstand nicht nur von einer, sondern von drei Personen genutzt, ist das so, als stellte man ihn nur einmal anstelle von dreimal her. Das bedeutet, dass man die Umwelt dreimal weniger belastet und dreimal weniger Energie verbraucht.

GERADE GEKAUFT
UND SCHON ENTSORGT

FÜR DEN EINEN ABFALL, FÜR DEN ANDEREN WERTSTOFF

Immer das aktuelle Smartphone–Modell oder den neuesten Computer zu besitzen, ist cool! Die Vorgängermodelle landen dann schnell in der Schublade oder auf der Müllhalde. Die europäische Umweltbehörde hat berechnet, dass die Menge an Elektroschrott rund dreimal schneller wächst als jede andere Art von Hausmüll. Viel von unserem Elektroschrott landet auf Müllkippen in Afrika und Asien, oft illegal.

WIE NEU

Ein Gegenstand, den wir nicht mehr brauchen, ist noch lange kein Abfall! Ist er kaputt, kann er repariert werden! Gemeinnützige Vereine und Verbände, wie die Berliner VfJ Werkstätten oder das Kölner Möbellager, sammeln elektronische Haushaltsgeräte ein, die für den Schrottplatz bestimmt sind. Sie reparieren sie und verkaufen sie dann wieder günstig. So schaffen manche dieser Vereine auch Arbeitsplätze für behinderte Menschen, die auf dem sogenannten „ersten Arbeitsmarkt" nur schwer arbeiten könnten.

In Togo bastelt der Verein ASDI aus elektronischen „Abfällen" neue Geräte. Ein anderes afrikanisches Unternehmen, die W. Incorporation, hat einen 3D-Drucker entwickelt, der ausschließlich aus alten Computerteilen vom Schrottplatz zusammengebaut ist! Solche Initiativen ermöglichen zwar noch nicht, die 50 Millionen Tonnen elektrischer und elektronischer Abfälle wiederzuverwenden, die jedes Jahr weltweit entsorgt werden. Aber sie zeigen, dass Wiederverwertung grundsätzlich machbar ist.

IN ZWEITER HAND

Wird er weitergegeben anstatt weggeworfen, kann ein Gegenstand, der uns nicht mehr dient, in den Händen eines anderen weiterleben. Sein Leben verläuft somit nicht mehr linear, von der Fabrik in den Mülleimer, sondern in Form eines Kreislaufs: Der Gegenstand hat eine längere Lebensdauer, kann nacheinander mehreren Personen nutzen – und belastet die Umwelt bei der Rohstoffgewinnung nicht ein weiteres Mal.

ELEKTROMÜLLDEPONIE, ASPROPYRGOS, GRIECHENLAND. In Deutschland schreibt das Gesetz vor, dass Elektroschrott recycelt werden muss. Am besten bringt man seinen Apparat zur Wertstoffsammlung oder zurück zu dem Händler, bei dem man ihn gekauft hat.

VERPACKUNG – DER GIPFEL DER VERSCHWENDUNG

TEURE VERPACKUNGEN

Wenn wir unseren Einkaufswagen im Supermarkt füllen, ist uns gar nicht bewusst, dass wir dabei auch Abfall einkaufen: die Verpackungen. Von dem, was wir für eine Ware zahlen, entfallen ungefähr 20% auf ihre Verpackung. Und rund ein Drittel unseres Mülleimers ist mit Verpackungsmaterial gefüllt! Zur Herstellung von Kartonage entzieht man Holz seine Fasern, die Zellulose. Dafür benötigt man große Mengen an Wasser. Aluminium wird gewonnen, indem man den Rohstoff Bauxit in Minen abbaut und ihn anschließend chemisch verwandelt. Wenn also Verpackungen aus Karton und Aluminium nicht recycelt werden, werden tonnenweise kostbare Rohstoffe und riesige Mengen an Wasser und Energie verschwendet und die Umwelt unnötig belastet.

NULL VERPACKUNG

Verpackungen schützen und erhalten die Waren, die wir einkaufen. Könnten wir überhaupt darauf verzichten? Man müsste z. B. wiederverwendbare Dosen und Behälter zur Hand haben und Waren lose einkaufen können; nur in der Menge, die man benötigt. Das ist keine Träumerei! In Deutschland, Österreich und der Schweiz gibt es immer mehr Läden, die verpackungsfrei verkaufen. Sie haben so sprechende Namen wie „Lose", „Unverpackt" oder „Schüttgut". Man füllt die Lebensmittel dort einfach selbst in mitgebrachte Behälter ab. Meistens werden in solchen Geschäften auch Waren angeboten, die aus dem Umland kommen und keine weiten Transportwege hinter sich haben.

TRENNEN HEISST
NICHT WEGWERFEN

Auf Verpackungsmaterial zu verzichten ist gut. Wenn die Verpackungen allerdings erst einmal hergestellt sind, ist es zu spät! Aber auch dann können wir noch etwas bewirken: Dank der Mülltrennung verwandeln sich Karton, Plastik, Aluminium und Stahl von Müll wieder in „Material". Durch das Recycling werden aus ihnen neue Gegenstände oder Verpackungen – ohne dass die Rohstoffe dafür erneut gewonnen werden müssten! In den Industrieländern muss man dafür nur die richtige Wertstofftonne finden, das ist nicht schwer. In ärmeren Ländern gibt es meistens keine Mülltrennung. Aber es gibt Menschen, die so arm sind, dass sie über die Müllhalden ziehen, um nach Materialien zu suchen, die sie verkaufen können. Diese unmenschliche Arbeit ermöglicht ihnen, etwas Geld zum Überleben zu verdienen.

MÜLLHALDE VON MEXIKOSTADT. Die 21 Millionen Einwohner von Mexiko produzieren rund 20 Tonnen Haushaltsabfälle am Tag. Wie in vielen Ländern wird die Hälfte davon auf Mülldeponien unter freiem Himmel abgeladen. In diesen Müllbergen schlummern sehr viele Stoffe, die wiederverwendet werden können.

SICH ANDERS FORTBEWEGEN

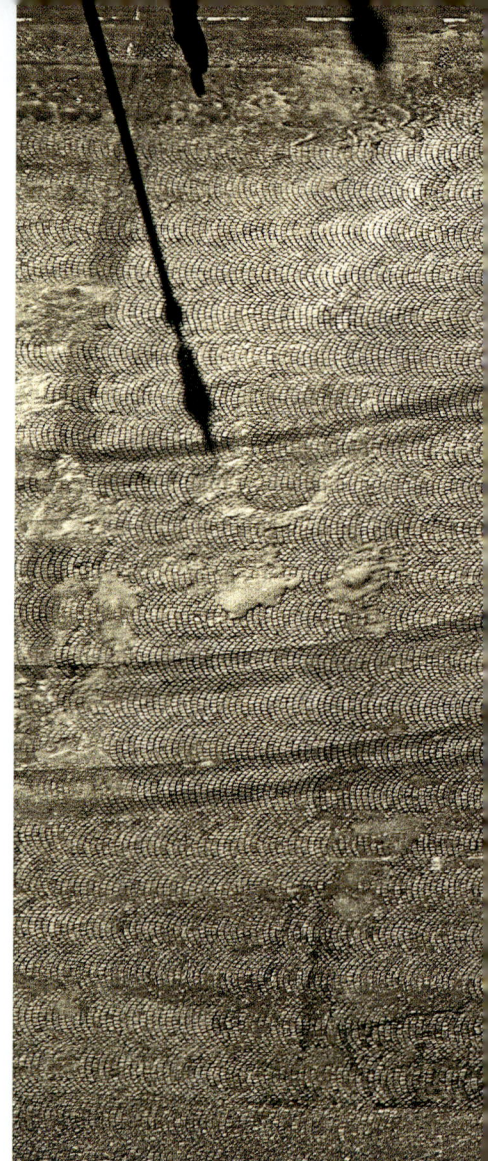

STAU, STAU, STAU ...

Wer wäre bereit, fünf Tage eingesperrt in seinem Auto zu verbringen? Niemand! Dabei ist das die durchschnittliche Zeit, die jeder Städter in Europa jährlich im Stau verbringt. Von Jahr zu Jahr nimmt die Autodichte auf der Erde zu, sodass die meisten Städte inzwischen unter riesigen Staus zu leiden haben. Auf den Straßen ist einfach nicht mehr genug Platz für all die Autos!

ANDERE AUTOS ...

Der dichte Autoverkehr verursacht starke Luftverschmutzung und trägt durch die Autoabgase zur Klimaerwärmung bei. Rein technisch gesehen wäre es die beste Lösung, Autos zu erfinden, die weniger Abgase verursachen, wie die Hybrid- oder die Elektroautos. Aber um Strom herzustellen, muss man ja auch die Umwelt verschmutzen!

... ODER ANDERE PASSAGIERE!

Die vielleicht beste Idee: Man teilt sich ein Fahrzeug mit anderen! Fahrgemeinschaften unter Arbeitskollegen, öffentliche Verkehrsmittel, öffentliche Fahrräder (mit oder ohne Abo) oder Carsharing – das sind alles Lösungen, mit denen man Geld spart, weil man kein eigenes Auto unterhalten muss, und die die Umwelt schonen. Will man ein Fahrzeug mit anderen teilen, muss man allerdings bereit sein,

PLACE DE LA CONCORDE, PARIS, FRANKREICH. In Paris sind die meisten Straßen oft zugeparkt und lassen nicht viel Platz für Fahrradfahrer. Viele große Städte bemühen sich Fahrradwege einzurichten, um die Bürger zu ermutigen, auf das Rad umzusteigen. Manchmal ist man so sogar schneller – bei all den Staus ...

KOPENHAGEN, STADT DER FAHRRÄDER

Kopenhagen ist nicht nur die Hauptstadt von Dänemark, sondern auch die Fahrradhauptstadt Europas! Jede dritte Fahrt legen die Kopenhagener mit dem Rad zurück, in der Innenstadt ist es sogar jede zweite. Die Fahrradwege sind in Kopenhagen so breit, dass die Radfahrer bequem nebeneinander fahren können, um sich zu unterhalten!

sich etwas anzupassen. Der Vorteil: Man kann sich mit anderen austauschen, findet vielleicht neue Freunde oder lernt etwas dazu. Auf jeden Fall ist es interessanter, als sich allein im Auto über den Stau zu ärgern!

PIERRE RABHI: EIN LEBEN IN GLÜCKLICHER GENÜGSAMKEIT

BEWUSSTER LEBEN

Pierre Rabhi ist ein französischer Bauer, Schriftsteller und Denker algerischer Herkunft. Seit 45 Jahren setzt er sich dafür ein, „Natur und Menschlichkeit zu unserer Herzensangelegenheit zu machen". Rabhi kämpft für eine andere Lebensweise: für ein Leben mit Maß, das er „glückliche Bescheidenheit" nennt. Denn ein maßvolles Leben bedeutet, sich bewusst zu beschränken. Rabhi ist überzeugt, dass diese freiwillig gewählte Lebensform uns glücklicher machen kann als ein Leben in ständigem Konsum.

„Was für Kinder hinterlassen wir unserer Erde?", gibt Pierre Rabhi zu bedenken. Denn in den reichen Industrieländern sind die Kinder inzwischen ebenso verwöhnte Konsumenten geworden, die „alles sofort" haben möchten, wie die Erwachsenen. Rabhi meint, dass man ihnen beibringen sollte, sich zu gedulden, und sie ermuntern sollte, in Einklang mit der Natur zu leben. Nur so könnten sie die Schönheit, den Reichtum und die Großzügigkeit der Erde erkennen.

Die höchste und schönste Aufgabe der Menschheit wird es jetzt sein, unsere Grundbedürfnisse mit den einfachsten und gesündesten Mitteln zu befriedigen.

PIERRE RABHI (*1938)

DATTELN LIEGEN AUSGEBREITET ZUM TROCKNEN AUS; IM SÜDEN VON KAIRO, NILTAL, ÄGYPTEN. Dattelpalmen finden in den Wüstenoasen die idealen Lebensbedingungen: Ägypten ist der weltweit größte Produzent von Datteln.

> *Die Erde ist
> kein Rohstofflager,
> das man ausbeutet, sondern
> eine kostbare Lebensoase.*
>
> PIERRE RABHI

EINE ANDERE LANDWIRTSCHAFT

Im Jahr 2003 lernt Pierre Rabhi Michel Valentin kennen, einen französischen Unternehmer, der seiner Berufstätigkeit einen neuen Sinn geben und sein Vermögen für die Gemeinschaft einsetzen will. Die beiden Männer gründen in der Drôme, einer Region im Südosten Frankreichs, das ökologisch-landwirtschaftliche Zentrum „Amanins". Ihr Ziel ist es, eine Landwirtschaft zu betreiben, die respektvoll mit der Erde und mit den Menschen umgeht und die für alle zugänglich ist. Die Erde ist für sie „nicht ein Rohstofflager, das man ausbeutet, sondern eine kostbare Lebensoase".

NACHHALTIG UND SOLIDARISCH

Pierre Rabhi setzt sich auch dafür ein, anderen Bauern weltweit dabei zu helfen, ihr Land mit einfachen und günstigen Mitteln schonend und respektvoll zu bearbeiten. Dafür hat er 2007 zusammen mit anderen die „Colibris" gegründet, eine Bewegung zur Unterstützung der Erde und der Menschlichkeit.

Seine Methode hat Erfolg: In Burkina Faso, in Westafrika, gingen die landwirtschaftlichen Erträge in der Vergangenheit stark zurück. Die Böden waren durch die anhaltende Trockenheit und die Brandrodungen ausgelaugt. Die Bauern fürchteten um ihr Überleben. Dank der Ratschläge von Pierre Rabhi und in Anlehnung an die Anbaumethoden ihrer Vorfahren, haben die Bauern Bäume gepflanzt, Kompost zum Düngen eingesetzt und kleine Steindämme errichtet, um das Regenwasser aufzuhalten. Die Ergebnisse nach einigen Jahren sprechen für sich: Auf den Böden wächst und gedeiht es wieder!

Wo ausgetrocknete Böden Landwirtschaft
unmöglich zu machen drohen, hilft Pierre
Rabhis Bewegung den Menschen vor Ort, eine
Landwirtschaft zu betreiben, die das „natürliche Gleichgewicht der Umwelt" unterstützt.

*Lebensfreude ist ein
kostbares Gut, nach dem wir
alle streben und das selbst
Milliarden von Dollar
nicht schenken können.*

PIERRE RABHI

DAS GREAT BLUE HOLE (GROSSES BLAUES LOCH), EIN ATOLL IM LIGHTHOUSE REEF, EINEM KORALLENRIFF IN BELIZE, KARIBIK.
Mit 300 Metern Durchmesser, 124 Metern Tiefe und seiner fast perfekt kreisrunden Form ist das Große Blaue Loch
eine touristische Attraktion.

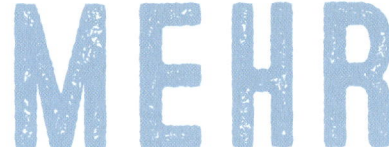

Sind die Menschen Freunde, braucht man kein Gericht.

ARISTOTELES (384–322 V. CHR.)

MEHR

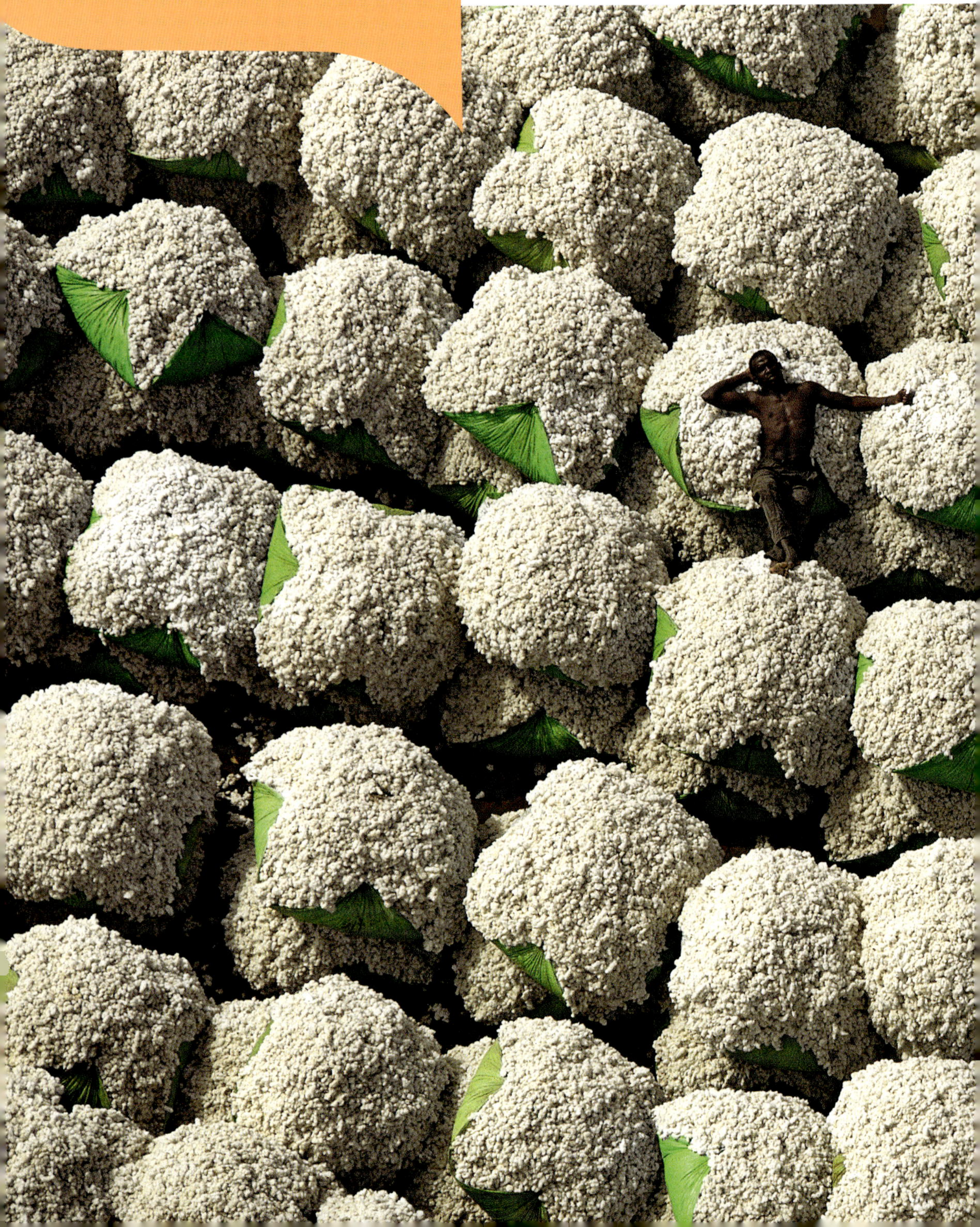

GERECHTIGKEIT

Fast eine Milliarde Menschen ist im Anbau, in der Bearbeitung und der Weiterverarbeitung von Baumwolle beschäftigt. Manche Regierungen unterstützen den Anbau von Fair Trade-Baumwolle, fair gehandelter Baumwolle. Dieses Label garantiert eine bessere Bezahlung der Erzeuger, eine Verbesserung ihrer Arbeitsbedingungen und trägt somit zu mehr Gerechtigkeit bei.

IM KAMPF FÜR GERECHTIGKEIT

DIE MENSCHENRECHTE FÜR MEHR GERECHTIGKEIT

Die Allgemeine Erklärung der Menschenrechte wurde 1948 von den Vereinten Nationen verkündet. Sie erinnert die Völker der ganzen Welt daran, dass alle Menschen einige unantastbare und unveräußerliche Rechte haben. In den 30 Artikeln wird erklärt, was die Grundsätze der Freiheit, der Gerechtigkeit und des Friedens sind. Viele Organisationen, wie Amnesty International, das Rote Kreuz, die Gesellschaft für Bedrohte Völker oder Reporter ohne Grenzen, kämpfen dafür, dass diese Grundsätze weltweit geachtet werden.

ARTIKEL 1
Alle Menschen sind frei und gleich an Würde und Rechten geboren. Sie sind mit Vernunft und Gewissen begabt und sollen einander im Geist der Brüderlichkeit begegnen.

ARTIKEL 3
Jeder hat das Recht auf Leben, Freiheit und Sicherheit der Person.

ARTIKEL 7
Alle Menschen sind vor dem Gesetz gleich und haben ohne Unterschied Anspruch auf gleichen Schutz durch das Gesetz. (...)

ARTIKEL 17
1. Jeder hat das Recht, sowohl allein als auch in Gemeinschaft mit anderen Eigentum innezuhaben.

2. Niemand darf willkürlich seines Eigentums beraubt werden.

SLUM VON MAKAKO, LAGUNE VON LAGOS, NIGERIA. Auf der Suche nach etwas Wohlstand sind viele Fischer aus dem Nachbarland Benin in diesem Elendsviertel gelandet. Sie wohnen in Blechhütten, die auf Stelzen im Wasser stehen und die man nur mit dem Boot erreichen kann. In dem Slum leben über 100.000 Menschen ohne fließendes Wasser, ohne Strom und ohne Kanalisation. Im Vergleich zu den Stadtbewohnern auf der anderen Seite der Lagune sind die Lebensbedingungen der Menschen hier sehr ungerecht.

IN WÜRDE LEBEN

Im Jahr 2000 einigten sich 189 Mitgliedstaaten der Vereinten Nationen (UNO) darauf, gemeinsam gegen die extreme Armut in der Welt vorzugehen, die Ungleichheiten zwischen Männern und Frauen zu verringern, sich dafür einzusetzen, dass alle Kinder auf der Welt in die Schule gehen können und dass jeder Erwachsene Anspruch auf einen angemessenen Arbeitsplatz hat. Sie definierten acht Ziele, die „Millennium-Entwicklungsziele", die sie bis ins Jahr 2015 durchsetzen und mit denen sie mehr Menschenwürde, Gleichheit und Gerechtigkeit auf der Welt erreichen wollten. Ende 2015 formu-lierten die mittlerweile 193 Mitgliedstaaten der UNO einstimmig 17 neue Ziele, die die Millennium-Entwicklungsziele bis 2030 fort-setzen sollen.

ALLE FÜR EINEN, EINER FÜR ALLE. EINE FRAGE DER FAIRNESS

Es ist gar nicht so einfach, den Begriff der Fairness zu erklären. Er beschreibt eine Art natürliche Gerechtigkeit, die nicht unbedingt geschriebenen Gesetzen folgt. Fair denken bedeutet: Ich betrachte die Rechte jedes Einzelnen und berücksichtige die bestehenden Un-gleichheiten zwischen den Reichsten und den Ärmsten. Jeder soll die gleichen Chancen erhalten, um in der Schule Erfolg haben, an seinem Arbeitsplatz vorankommen, sich bei Krankheit behandeln lassen und eine Wohnung finden zu können. Man kann es auch so-ziale Chancengleichheit nennen: Man bemüht sich um eine gerech-tere Verteilung der materiellen Güter, der natürlichen Ressourcen, der finanziellen Hilfen, indem man die Situation der Schwächsten in der Gesellschaft berücksichtigt.

DER FLUSS ORINOCO ESMERALDA (AMAZONAS-REGENWALD) IN VENEZUELA. Der Regenwald im Amazonas ist stark bedroht: Täglich werden fußballfeldgroße Flächen abgeholzt – mit oder ohne Genehmigung der Behörden –, um neue Flächen für den Anbau von Soja zu ge-winnen. Durch die massive Abholzung verlieren die Ureinwohner ihre Heimat und viele Tiere und Pflanzen ihren Lebensraum.

KLEINBAUERN
GEGEN UNGERECHTIGKEIT

JEDER HAT DAS RECHT DARAUF, GENUG ZU ESSEN

In manchen Regionen Afrikas, Südostasiens, Südamerikas und des Mittleren Ostens arbeiten 750 Millionen Bauern von morgens bis abends auf den Feldern und können sich dennoch nicht satt essen. Wie ist das möglich? Früher trieben die Bauern hier ihr Vieh über die Weiden und bauten genug an, um sich und ihre Familien zu ernähren. Aber dann wurden sie von ihren Feldern vertrieben.

Große Landwirtschaftsbetriebe übernahmen die riesigen Flächen und bauten meistens nur eine einzige Pflanzenart darauf an. Die nunmehr landlosen Bauern sind zu billigen Arbeitskräften für die Betriebe geworden. Doch sie werden von ihren Arbeitgebern so schlecht bezahlt, dass sie sich das Getreide, Obst oder Gemüse, das sie anbauen, selbst nicht mehr leisten können.

SOJA FRISST ALLES

Soja, noch mehr Soja und immer noch Soja … Ein Viertel der Landfläche von Brasilien ist mit Soja bepflanzt. Das entspricht der Fläche von ganz Frankreich! Im Nordosten des Landes und im Bundesstaat Mato Grosso, wo der Amazonas-Urwald wächst, gilt das Gesetz des Stärkeren: Wer sich zuerst das Land sichert und, erlaubt oder unerlaubt, die meisten Hektar Regenwald abholzt, darf dort sein Soja anbauen. Der Boden wird verwüstet und die viele-Hundert-Jahre-alten Urwaldbäume gefällt, um neue Anbauflächen zu gewinnen. Und wozu? Die Antwort ist ernüchternd: Viehfutter! 80% der brasilianischen Sojabohnen werden nach Nordamerika, Europa und China exportiert und dort an Geflügel, Schweine und Rinder verfüttert. Die Bauern haben sich in Protestbewegungen zusammengeschlossen und bei ihrer Regierung gegen diese Ungerechtigkeit protestiert: dass ihre Umwelt zerstört wird, sie von ihren Feldern vertrieben und manche von ihnen von Mitarbeitern der riesigen Landwirtschaftsbetriebe sogar bedroht, entführt oder getötet werden. Der Protest und die Aufmerksamkeit der Weltöffentlichkeit haben etwas bewirkt: Im Mai 2016 haben Regierung, große Konzerne und Umweltschutzorganisationen ein Abkommen für nachhaltigen Sojaanbau unterzeichnet.

AUCH IN DEN ANDEN WEHREN SICH DIE BAUERN

Pachamama nennen die Bewohner der Anden ihre Urgöttin, Mutter Erde. Sie sorgt für reiche Ernten und den nötigen, wohltätigen Regen, der die Saat aufgehen lässt. Man ehrt und respektiert sie und

ERNTE IN DER REGION TIGRAY, ÄTHIOPIEN. Äthiopien ist nach Nigeria und Ägypten das bevölkerungsreichste Land Afrikas. Die Menschen leben vor allem von der Landwirtschaft. Die Verfassung des Landes sagt, dass der äthiopische Boden vom Staat an die Bauern verpachtet werden soll. Aber der Staat verpachtet lieber riesige Flächen an ausländische Firmen und Investoren. Die äthiopischen Bauern protestieren nun gemeinsam gegen diese Ungerechtigkeit.

darf ihren Boden nicht schlecht behandeln. Doch genau das tun die großen Landwirtschaftsbetriebe, die auf den meisten Flächen das anbauen, was wir in Europa gerne auch im Winter frisch essen: Weintrauben zum Beispiel, Heidelbeeren oder Spargel. Warum meinen wir eigentlich, dass überall das gleiche Obst und Gemüse angebaut werden sollte? In wessen Namen wird das vertreten und zu wessen Gunsten? Warum sollten manche Völker nicht das Recht haben, die Vielfalt ihrer Saaten zu bewahren und sie so anzubauen, wie es schon ihre Vorfahren taten? Genau das verlangen seit rund zehn Jahren viele Bauernvereine der Andenregion in Bolivien, Kolumbien, Ecuador, Peru und Venezuela.

FÜR DIE EIGENEN RECHTE KÄMPFEN

DER LANGE MARSCH

Im Oktober 2012 machten sich in der indischen Stadt Gwalior 100.000 Männer und Frauen – Paria, also Ausgeschlossene aus den untersten Schichten der indischen Bevölkerung sowie landlose Bauern – zu Fuß auf den Weg in die 350 Kilometer enfernte Hauptstadt Neu-Delhi. Mit diesem Protestmarsch wollten sie die Regierung auf ihre Notlage aufmerksam machen und eine gerechte und faire Neuverteilung des Bodens einfordern.

Seit Jahren verlieren die indischen Bauern ihre fruchtbaren Felder und Weiden und müssen wegziehen, weil dort große Staudämme und Kernkraftwerke gebaut und Bergbau und intensive Landwirtschaft betrieben werden. Der lange Marsch wurde von der Bewegung Ekta Parishad organisiert. Auf Hindi bedeutet das „Solidarischer Bund". Die Bewegung setzt sich mit gewaltfreien Aktionen für das Recht jedes Einzelnen auf ein Leben in Würde sowie den freien Zugang zu Boden, Wasser und Wald ein.

EINE FRAU IM KAMPF GEGEN EIN BERGBAUUNTERNEHMEN

Die einfache Bäuerin aus Cajamarca in Peru, Máxima Acuña, hat es auf die Titelblätter vieler internationaler Zeitungen geschafft. Denn sie führt einen mutigen Kampf: den Kampf um ihre Felder, so wie Tausende von anderen Bauern auf der ganzen Welt auch.

Die Familie von Máxima Acuña leistet seit 2011 Widerstand, trotz der Schläge der peruanischen Polizei, der Androhung von Gefängnisstrafe und sogar mancher Todesdrohungen. Gegen wen kämpft Máxima? Gegen ein mächtiges Bergbauunternehmen, das in der Region,

Die Böden in Rajasthan bestehen zu zwei
Dritteln aus Sandwüste, und Wasser ist rar.
Obwohl die Felder nicht besonders fruchtbar
sind, ist es den Bauern durch Bewässerung
gelungen, Hirse, Zuckerhirse, Weizen und
Gerste anzubauen.

*Was mir Angst macht,
ist nicht die Unterdrückung
durch die Bösen, sondern die
Gleichgültigkeit der Guten.*

MARTIN LUTHER KING (1929-1968)

ABWASSERLEITUNGEN DER KUPFERMINE CHUQUICAMATA IN CHILE. Um Rohstoffe abbauen zu können, müssen die Bergbauunternehmen das Land zunächst offiziell erwerben. Nicht immer wollen die Bewohner aber freiwillig weichen, viele wehren sich gegen die drohende Zwangsumsiedlung.

wo Máximas Familie lebt, 3000 Hektar Land aufkaufen möchte, um dort Edelmetalle abzubauen. Um dem Boden das darin lagernde Gold und Kupfer zu entziehen, will das Unternehmen hochgiftiges Blausäuresalz einsetzen. Zur Absicherung der riesigen Minenlandschaft muss das Unternehmen eine kilometerbreite Schutzzone einrichten. Und in dieser liegen die Felder von Máximas Familie. Máxima weigert sich, ihr Land zu verkaufen und kämpft mit allen ihr zur Verfügung stehenden Mitteln, um ihr Anliegen bekannt zu machen: Sie hat verschiedene Nichtregierungsorganisationen (NGOs) in Europa kontaktiert und an europäische Parlamentsabgeordnete geschrieben: „Wo sollen wir leben? Wo können wir arbeiten? Welches Wasser sollen wir trinken?", fragt sich Máxima Acuña, die von dem jahrelangen Kampf erschöpft ist. Sie und ihr Mann werden mit jedem Tag ärmer, weil sie nicht mehr auf den Markt gehen können, um ihre Produkte zu verkaufen. Zu groß ist die Angst, dass das Bergbauunternehmen ihre Abwesenheit nutzt, um ihr Land zu besetzen. Im April 2016 hat Máxima Acuña den berühmten Umweltschutzpreis „Goldman Environmental Prize" erhalten, der besonders mutige Umweltschützer auszeichnet. Als Preisgeld erhielt sie 125.000 Dollar, und man kann hoffen, dass sie dieses Geld in ihrem Kampf unterstützen kann.

RAJAGOPAL P.V.

Der Begründer und Präsident der Bewegung „Ekta Parishad" wurde 1948 in einem Dorf im indischen Bundesstaat Kerala geboren. Rajagopal setzt sich besonders dafür ein, dass die jungen Inder in den Dörfern eine Ausbildung erhalten. Für ihn liegt in der Bildung der Schlüssel, um erfolgreich gegen Armut, soziale Ungleichheit und Korruption vorzugehen.

EINKAUFEN ZUM RICHTIGEN PREIS

EIN FAIRER HANDEL

Wenn wir im Westen eine Packung Reis kaufen, dann geht ein großer Teil des Kaufpreises an die Zwischenhändler: an die Einkäufer, die den Reis von den Erzeugern erwerben, und an die, die ihn importieren, aber auch an die Auslieferer, wie die Großhändler und die Supermarktketten. Die kleinen Reisbauern hingegen erhalten fast nichts vom Gewinn.

„Handel – keine Almosen!" Das ist das, was die Kleinbauern der Länder der Südhalbkugel seit 1960 einforderten. Sie wollten mit ihren Erzeugnissen genug verdienen, um sich ernähren, eine Wohnung mieten, den Arzt zahlen und die Kinder zur Schule schicken zu können – alles Grundbedürfnisse, die die Bauern mit ihren minimalen Einkünften nicht abdecken konnten.

Mehrere europäische Organisationen, die nicht staatlich organisiert sind (sogenannte Nichtregierungsorganisationen, NGOs) setzten sich für das Anliegen der Kleinbauern ein. Sie waren überzeugt, dass eine andere, solidarische Form des Handels möglich ist.

PIROGE AUF DEM NIGER BEI GAO, MALI. Eines der Ziele des Fairen Handels ist es, die traditionellen Anbauweisen der Kleinbauern zu bewahren.

VERPFLICHTUNG AUF GEGENSEITIGKEIT

Im Fairen Handel („Fair Trade") gibt es keine Zwischenhändler: Die Kleinbauern verkaufen direkt an die Importeure, die ihnen dafür einige Sicherheiten garantieren: einen gerechten Preis, eine dauerhafte, verlässliche Handelsbeziehung, schnelle Bezahlung und finanzielle Unterstützung bei der Entwicklung neuer Projekte.

Die Kleinerzeuger verpflichten sich ihrerseits dazu, sich mit anderen Bauern in Genossenschaften zusammenzuschließen und jedem Arbeiter anständige Arbeitsbedingungen zu garantieren, indem sie niemanden zum Arbeiten zwingen und keine Kinderarbeit erlauben. Sie versprechen außerdem, Männer und Frauen gleichberechtigt zu behandeln, niemanden wegen seiner Herkunft oder Religion zu benachteiligen und die Umwelt zu schützen, indem sie ihre Produkte ökologisch anbauen.

800 WELTLÄDEN

gibt es in Deutschland. Hier werden ausschließlich fair gehandelte Waren verkauft. In der Schweiz gibt es rund 600 Fair-Trade-Verkaufsstellen; hier heißen sie „claro".

ÜBER 7000 PRODUKTE

kann man im Fairen Handel kaufen: Schokolade, Kaffee, Tee, Zucker, Südfrüchte, Obstsaft, Öl, Gewürze, aber auch Blumen, Möbel, Kleider, Schmuck, Kosmetika u.a.

In Deutschland ist Kaffee das meistverkaufte Fair-Trade-Produkt. Trotzdem stammen nur 3% des in Deutschland verkauften Kaffees aus Fairem Handel; das entspricht 3 von 100 getrunkenen Tassen Kaffee!

53% DER BANANEN,

die in der Schweiz verkauft werden, stammen aus Fairem Handel. Die Schweiz ist Weltmeister im Konsum von fair gehandelten Waren.

INFORMIERE DICH!

Schau doch mal auf einer Weltkarte nach, wo die Waren herkommen, die Du gerne isst. Wenn Du in einen Weltladen oder einen Bioladen gehst, wirst Du dort bestimmt viele Deiner Lieblingslebensmittel finden. Indem Du eine fair gehandelte Ware kaufst, tust Du etwas zur Unterstützung der Kleinbauern und für einen gerechteren Handel.

BAUERN BEIM UMPFLANZEN VON REISSÄMLINGEN IM FLUSSBETT DES BRAHMAPUTRA, BEI GAIBANDA, BANGLADESCH. Der Brahmaputra ist einer der großen Flüsse in Bangladesch. In seinem Flussbett stauen sich viele Inseln aus Sand und Schlick an, die Chars. Wenn sich die Strömung verändert, werden sie vom Wasser wieder mitgerissen. Trotzdem leben hier rund 5 Millionen Bangladeschi. Sie bauen auf den Schwemmlandinseln Reis an, der auch im Hochwasser gedeiht.

SCHLITTSCHUHLAUFEN IM CENTRAL PARK, NEW YORK, USA. Stadt und Natur müssen als Lebensräume nicht unbedingt miteinander konkurrieren. In allen größeren Städten gibt es Grünanlagen und Waldgebiete, wo die Städter sich erholen können. Eines der größten Vergnügen der New Yorker ist es, sich im Central Park zu entspannen. Die 341 Hektar große Parkoase liegt im Herzen der Stadt und ist von Wolkenkratzern umringt. Im Sommer kann man hier Inline-Skaten und Fahrrad fahren, im Winter gibt es eine riesige Schlittschuhbahn.

MEHR

Es macht mich traurig, wenn ich mir vorstelle, dass die Natur spricht und die Menschen ihr nicht zuhören.

VICTOR HUGO (1802-1885)

NÄHE ZUR NATUR

RINDERHERDEN IN DER LAGUNA MERÍN, NAHE PUNTA MAGRO, URUGUAY. Die Laguna Merín ist eine 3750 km² große Lagunenlandschaft an der Grenze von Uruguay und Brasilien. Sie beherbergt eine Vielfalt an Tieren und Pflanzen. Das Feuchtgebiet ist auch ein Anlaufpunkt für Millionen von Zugvögeln, die hier jedes Jahr haltmachen. Lange Zeit wurden die Bewohner nur durch die grasenden Rinderherden der umliegenden Farmen gestört. Seit rund zwanzig Jahren aber wird in diesen Gebieten vermehrt Reis angebaut – eine Bedrohung für die Artenvielfalt in der Lagune.

ZU 100%
EIN NATURPRODUKT:
DER MENSCH

DIE VERGESSENEN WOHLTATEN DER NATUR

Wie alle anderen Arten des Tierreichs ist auch der Mensch, will er überleben, von der Natur abhängig: Atmen, essen und trinken sind unsere Grundbedürfnisse, die wir nur im Zusammenspiel mit unserer natürlichen Umgebung befriedigen. Auch um uns zu heilen, bedürfen wir der Natur: die meisten Wirkstoffe in unseren Medikamenten stammen von Pflanzen.

Wir „sind" die Natur, wir gehören zu ihr – so wie alle anderen Lebewesen auch. Und dennoch leben wir mehr und mehr „neben" ihr. Wissen wir eigentlich noch, welche Gemüsesorten zu welcher Jahreszeit in unserer Gegend wachsen? Könnten wir bei Bedarf die wichtigsten Heilpflanzen erkennen? Wüssten wir, welche der Wildbeeren am Waldrand essbar sind?

Unser Leben ist immer mehr durch das Stadtleben geprägt und wir verlieren unseren Bezug zur Wildnis. Dabei ist diese Verbindung so wichtig, denn durch die Natur sind wir mit unserer Menschlichkeit verbunden. Der Ex-Bundespräsident, Richard von Weizsäcker, sagte es einmal so: „Der Mensch braucht die Natur, die Natur den Menschen nicht. (...) Erst wenn er das begreift, hat er eine Überlebenschance."

IM EWIGEN WANDEL: NICHTS GEHT VERLOREN, NICHTS ENTSTEHT NEU

Man kann auf die Natur bauen, wenn es um Wiederverwertung geht! Die organischen Abfälle (also aller Abfall, der von Lebewesen stammt) werden im Erdboden zersetzt und in Nährstoffe für die Pflanzen umgewandelt. Auf dem Komposthaufen werden unsere Küchenabfälle zu Kompost – genau wie die Humuserde im Wald. Damit können wir den Erdboden neu anreichern. Dazu brauchen wir noch nicht einmal einen Garten! Inzwischen gibt es Komposter in allen Größen und Ausstattungen – auch kleine Ausführungen für den Balkon sowie geruchsfreie, die direkt in der Küche stehen können.

> *Das Schauspiel der Natur*
> *ist immer wunderbar.*
> ARISTOTELES (384–322 V. CHR.)

ZIEGENHERDEN IN DER NÄHE DES SOMALISCHEN FLÜCHTLINGSLAGERS IFO BEI DADAAB, KENIA.
Alle Lebewesen stehen in enger Verbindung zu dem Umfeld, in dem sie leben.
So sind diese Ziegen zum Beispiel daran gewöhnt, auf den kargen, ausgedörrten
Weiden noch den letzten essbaren Grashalm zu finden.

OBST UND GEMÜSE: JEDERZEIT UND ÜBERALL?

Die Natur schenkt uns alles, was wir brauchen. Aber nur, wenn wir ihr Gleichgewicht, ihr Tempo, ihren Zeitbedarf und ihre Grenzen respektieren! Es dauert, bis der Boden das verunreinigte Wasser gefiltert hat, der Wald nachwächst, die Fische sich vermehren ... Und genau das ist unser größtes Problem! Denn wir wollen immer alles haben – und zwar sofort: z. B. Erdbeeren im Winter.

Aber weder Erdbeeren noch Tomaten wachsen im Winter, genauso wenig wie Bananen, Ananas oder Mangos in Europa wachsen! Woher kommen die Tomaten, Bananen und Ananas, die wir das ganze Jahr über im Supermarkt kaufen können? Sie kommen mit dem Flugzeug oder dem Schiff zu uns, in Kühlkammern, wo sie frisch gehalten werden. Oder sie werden außerhalb der Saison in Gewächshäusern gezogen, unter Einsatz von viel Energie, Kunstdünger und chemischen Pestiziden.

Das, was die Natur von selbst zur richtigen Jahreszeit wachsen lässt, erzwingen wir von ihr zu einem anderen Zeitpunkt. Aber das kostet viel und verschmutzt die Umwelt. So erfordert ein Kilo Tomaten, das im Winter in einem belgischen Gewächshaus gewachsen ist, 75-mal so viel Energie wie der anschließende Transport von Belgien nach Deutschland! Heute sagen uns die Etiketten auf den Verpackungen, wo unsere Nahrungsmittel herkommen – es ist also ein Leichtes, selbst zu entscheiden, ob man solche Tomaten kaufen möchte oder nicht.

SO WEIT DAS AUGE REICHT: GEWÄCHSHÄUSER IN DER NÄHE VON ALMERÍA, ANDALUSIEN, SPANIEN. Dieses riesige Plastikmeer, weltweit die größte Ansammlung von Gewächshäusern, gab es vor 35 Jahren noch nicht. Heute ist Andalusien der größte Exporteur von Obst und Gemüse in Europa.

EINE KISTE
VOLLER NATUR

Im Supermarkt ist es nicht immer leicht, Obst oder Gemüse zu finden, das aus lokalem Anbau stammt und der Jahreszeit entspricht. Genau das aber ist das Konzept der Biokisten: Die ersten Biokisten kamen in Deutschland Anfang der 1990er-Jahre auf den Markt. Unter dem eingetragenen Namen „Ökokiste" oder auch „Grüne Kiste" verkaufen Bauern der Region wöchentlich eine Auswahl von Obst und Gemüse der Saison direkt an ihre Kunden – viele liefern sogar nach Hause. Das Obst und Gemüse ist frisch, lange Transportwege werden vermieden, die Bauern aus dem Umland unterstützt – und wir leisten einen wertvollen Beitrag zum Schutz unserer Umwelt.

MARKT IN PORT-AU-PRINCE, HAUPTSTADT VON HAITI.
Überall auf der Welt werden auf den Märkten frisch geerntete Früchte und Gemüse der Saison verkauft. Weil diese Waren meistens aus dem Umland stammen, sind die Transportwege in der Regel kürzer. Wer auf dem Markt einkaufen geht, kann auch Verpackungsmüll vermeiden – eine umweltfreundliche Weise einzukaufen.

DIE NATUR PFLEGEN, NICHT NUR NUTZEN!

FARM ODER FABRIK?

In den 50er-Jahren begannen die Bauern ihre Produktion zu steigern. Nach dem Ende des Zweiten Weltkriegs wurden wieder mehr Babys geboren und die Wirtschaft zog weltweit an – die Landwirte mussten also schnell mehr Nahrungsmittel produzieren.

Da war es naheliegend, die Anbauflächen zu vergrößern, leistungsstärkere Maschinen einzusetzen, Dünger und Pflanzenschutzmittel zu verwenden, künstlich zu bewässern, mehr Tiere auf eine Weide zu stellen und vor allem jene Rassen zu züchten, die besonders viel Milch und Fleisch liefern.

Das hat zwar gut funktioniert, hatte aber auch seinen Preis: Unsere Gewässer sind durch Mineraldünger, Pflanzenschutzmittel (Pestizide) und die Exkremente der Viehherden stark belastet, zahlreiche Tier- und Pflanzenarten verschwinden aus unserer Landschaft, oft wird zu viel produziert und dann gleich wieder weggeworfen. Es ist also dringend an der Zeit, dieses Modell zu hinterfragen und nach Alternativen zu suchen. Aber sind wir überhaupt in der Lage, anders zu denken als „immer mehr, immer größer"?

EINE AUTOBAHN FÜR DIE BIENEN!

Die Pflanzenschutzmittel, die in der industriellen Landwirtschaft eingesetzt werden, sollen Schädlinge vernichten und so die Ernte schützen. Das funktioniert sehr gut. Aber die Chemikalien töten leider gleichzeitig auch Bienen und Hummeln, die für die Bestäubung unserer Pflanzen lebenswichtig sind! In der norwegischen Hauptstadt Oslo hat man zum Schutz der Bestäuber eine Bienen-Autobahn eingerichtet: Einmal quer durch die Stadt haben die Osloer auf ihren Hausdächern und Balkonen eine Art „Blumenstraße" gepflanzt, mit Blumenarten, die die Bienen wegen ihres Nektars besonders schätzen. So können Bienen, die sich verflogen haben, Energie tanken und finden dank der Blumen-Autobahn ihren Weg zurück ins Grüne!

RINDERHERDEN AUF DEM AUBRAC-HOCHPLATEAU, AVEYRON, FRANKREICH. In der intensiven Viehwirtschaft werden die Rinder mit Mais und Soja gefüttert. In der extensiven Landwirtschaft fressen die Rinder nur das, was die Natur ihnen bietet, nämlich Gras! In der französischen Region Aveyron wandern die Rinderherden im Sommer auf die hoch gelegenen Sommerweiden. Die Milch wird in den Sennhütten direkt vor Ort zu Käse verarbeitet, dem berühmten Laguiole aus dem Aubrac.

Ein Maniok- und Kartoffelfeld, auf dem bunt
verteilt Mango- und Akazienbäume wachsen?
Das ist ein gutes Beispiel für die sogenannte Agroforst-
wirtschaft, eine Form der nachhaltigen Landwirtschaft,
die besonders für nährstoffarme, ausgedörrte Böden
mancher Entwicklungsländer geeignet ist. Die Bäume
erleichtern das Eindringen des Wassers in den Boden
und verlangsamen die Bodenerosion. Sie reichern
den Boden an und binden einen Teil des CO_2 in
der Luft, das sonst zur Klimaerwärmung
beitragen würde. Außerdem bleibt der
Boden fruchtbar, wenn nicht eine,
sondern verschiedene
Pflanzenarten angebaut
werden.

LANDWIRTSCHAFT UND
UMWELTSCHUTZ VERSÖHNEN

Es gibt eine alternative Landwirtschaft:
eher kleinere Betriebe, die aber mehr Ar-
beitskräfte beschäftigen. In der „ökologischen" oder „biologischen Landwirtschaft"
versuchen die Bauern, möglichst schonend mit
der Natur umzugehen: Sie achten darauf, dass
sie nicht nur eine, sondern verschiedene Getreide-,
Obst- oder Gemüsearten anbauen und die Felder im
jährlichen Wechsel bepflanzen. So verhindern sie, dass
die Böden ausgelaugt werden, und vermeiden den Einsatz von Chemikalien. Biobauern bevorzugen meist kurze
Transportwege: So kommt zum Beispiel das Futtergetreide
für die Tiere möglichst aus eigenem Anbau und nicht von
einem anderen Kontinent.

EINE LIEBESERKLÄRUNG AN DIE NATUR:
DIE BIOLOGISCHE LANDWIRTSCHAFT

Die biologische Landwirtschaft bemüht sich um einen behutsamen,
ressourcenschonenden Umgang mit der Natur. Biobauern müssen
strenge Auflagen beachten. Wer sie als Bauer erfüllt und in seiner
Arbeit die Umwelt schützt, die Fruchtbarkeit des Bodens erhält, die
Wasserqualität wahrt, das Wohl der Tiere berücksichtigt und Arbeitsplätze erhält, darf auf seinen Waren das Biosiegel der Europäischen Union führen (ein weißes Blatt aus Sternchen auf grünem
Grund). Waren aus biologischem Anbau machen zwar noch nicht
die Mehrheit der verkauften Produkte aus, aber die Nachfrage wird
immer größer. Seit 2000 hat sich der Absatz von Biowaren in Europa
vervierfacht.

RINDERMASTHALTUNG NAHE DER STADT YOUNG, IM BEZIRK RIO NEGRO, URUGUAY.
Dieser Betrieb in Uruguay hält seine Rinder nach dem Vorbild der amerikanischen „feedslots": Bei dieser intensiven Viehzucht werden die Rinder auf
sehr engem Raum gehalten und so gemästet, dass sie hohe Fleischerträge
liefern. Kritiker bemängeln die Lebensbedingungen der Tiere. Außerdem
produzieren diese Mastbetriebe extrem viel umweltbelastende Gülle.

FLEISCH- ODER PFLANZENFRESSER?

Was wir anbauen, hängt auch davon ab, was wir essen. In der vege-
tarischen Ernährung werden die tierischen Eiweiße (Fleisch und
Fisch) durch pflanzliche Eiweiße ersetzt. Manche Menschen ernähren sich vegetarisch, weil sie es nicht ertragen, dass man ein Tier
tötet, um es zu essen. Andere wählen diese Ernährungsform, weil
sie gesünder sein soll. Wieder andere wollen so die Umwelt schützen: Denn wenn wir weniger Fleisch essen, gibt es auch weniger
Viehzucht. Die industriell betriebene Viehhaltung, besonders die
Rinderzucht, trägt durch die hohe Urin- und somit Nitratbelastung
maßgeblich zur Verschmutzung der Gewässer und durch die Pupse
der Rinder zur Klimaerwärmung bei. In Lateinamerika wird zudem
Regenwald abgeholzt, um neue Sojafelder anzulegen, denn Soja
wird in großen Mengen als Viehfutter benötigt. All das könnten wir
vermeiden, würden wir weniger Fleisch essen!

IDEEN, DIE EINLEUCHTEN

ENERGIEN AUS EINER ANDEREN ZEIT

Erdöl, Kohle und Erdgas machen über 80% der Energie aus, die auf der Welt gewonnen wird. Sie lagern bereits seit vielen Millionen Jahren tief in der Erde. Einmal abgebaut, können sich diese Energiequellen nicht mehr erneuern. Die Vorkommen sind begrenzt. Ist eine Lagerstätte erschöpft, müssen neue gefunden werden. In manchen Ländern wie z. B. auch Deutschland wird zudem immer noch viel Kernenergie genutzt. Bei der Produktion von Kernenergie entsteht zwar kein klimaschädliches Treibhausgas, dafür aber radioaktiver Abfall, der jahrzehnte-, ja sogar jahrhundertelang weiterstrahlt und somit extrem gefährlich ist.

Die Suche nach einem idealen Endlagerort für unseren Atommüll wird noch ein paar Jahre dauern. In Deutschland sind derzeit noch 8 Kernkraftwerke aktiv. Vor dem Hintergrund des Reaktorunglücks im japanischen Fukushima hatte sich die deutsche Bundesregierung für einen fundamentalen Umbau des Energiesystems entschieden. Zu diesem gehört der Ausstieg aus der Kernenergie bis 2022.

DÜRFEN WIR VORSTELLEN? DIE »SUPERALGE«

Es sind nur mikroskopisch winzige Algen, die in durchsichtigen Glasröhrchen gezogen werden, aber sie haben fast magische Kräfte! Man gewinnt aus ihnen ein Öl, das man als Kraftstoff verwenden kann. Außerdem binden diese Algen CO_2 besser, als Bäume es können und spielen somit eine wichtige Rolle im Kampf gegen die Klimaerwärmung. Die Algen reinigen aber auch verschmutztes Wasser und produzieren Strom, indem sie bei der Photosynthese Wasserstoff ausstoßen. Und noch eine Qualität dieser Superalge: Sie ist essbar!

HEISSWASSERQUELLE GRAND PRISMATIC SPRING, YELLOWSTONE-NATIONALPARK, WYOMING, USA. Der Yellowstone-Nationalpark in den Vereinigten Staaten ist der älteste Nationalpark der Welt. Hier gibt es eine einzigartige Ansammlung von Geysiren (rund 300), Fumarolen und Thermalquellen. In manchen Gegenden, zum Beispiel in Island, nutzt man die Wärme des Erdinneren, um daraus in geothermischen Kraftwerken Strom herzustellen.

> *Ziehe Deine Lehren aus der Natur, denn dort liegt unsere Zukunft.*
>
> LEONARDO DA VINCI (1452–1519)

ES GEHT DOCH!

Die Erde stellt uns aber auch andere Energiequellen zur Verfügung. Sie sind erneuerbar, unendlich, und an allen Ecken der Welt verfügbar. Bereits im Mittelalter betrieb man Windmühlen – unsere heutigen Windkraftanlagen sind sozusagen deren Nachkommen. Aber auch aus anderen natürlichen Quellen lässt sich Energie gewinnen: aus den Strahlen der Sonne, aus der Kraft der Wasserfälle, aus der Wärme im Erdinneren, dem Gezeitenwechsel ...

Und die Forscher arbeiten an weiteren vielversprechenden Projekten. Vielleicht werden wir auch bald aus der Kraft der Meeresbrandung Energie gewinnen können, dem Temperaturunterschied zwischen den kalten Tiefen der Ozeane und ihrer wärmeren Wasseroberfläche oder aus der Wärme, die ein vorbeifahrendes Auto erzeugt ...

DIE SCHÄTZE
DER NATUR

FINGER WEG VON DER ANTARKTIS!

Unter der meterdicken Eisschicht der Antarktis lagern riesige Boden-schätze: Eisenerz und Kohle, Nickel, Kupfer und Platin ... Wie kommt es, dass bisher noch kein Land Ansprüche darauf erhoben hat, diese Rohstoffe zu fördern? Ganz einfach, weil die Länder gemeinsam die Antarktis zu einem Naturschutzgebiet erklärt haben und zu einer Schutzzone, die dem Frieden, der Zusammenarbeit und der For-schung gewidmet ist. 1959 verpflichteten sich mehrere Länder im „Antarktisvertrag" dazu, keine Gebietsansprüche auf die Antark-tis zu erheben und sie von der Suche nach Bodenschätzen auszu-nehmen. Dieses Abkommen wurde mittlerweile von insgesamt 53 Staaten unterzeichnet und 1991 durch ein weiteres Abkommen, das Protokoll von Madrid, bekräftigt. Der Mensch ist also durchaus in der

BERGGLETSCHER IM WRIGHT VALLEY, ANTARKTIS (SÜDPOL). Das Wright Valley ist eines der riesigen, eisfreien Trockentäler, die ungefähr 2% der Antarktis bedecken. Weil die karge Landschaft aus Sand und Stein sehr der zerklüfteten Marsoberfläche ähnelt, hatte die amerikanische Raumfahrtbehörde NASA in den 70er-Jahren hier sogar die Tests für die Raumfahrtmissionen ihrer Sonden Voyager 1 und 2 ausgeführt. In dieser rauen Gegend ist das Überleben schwierig.

Lage, mutige Entscheidungen zu fällen, die im Allge-
meininteresse sind, wenn er wirklich will!

FEUCHTGEBIETE – DIE HEIMLICHEN ALLESKÖNNER

Als Feuchtgebiete bezeichnet man alle aufgeweichten
Böden wie Sümpfe, Moore oder Mündungsgebiete von
Flüssen. Auf den ersten Blick haben solche Feuchtgebiete nur Nachteile: Ihre Böden sind zu nass, um darauf etwas anpflanzen oder bauen zu können, und sie
bieten den idealen Lebensraum für lästige Mücken ...
Lange Zeit hat man deshalb viele Sümpfe und Moore
trockengelegt. So ist im letzten Jahrhundert über die
Hälfte der Feuchtgebiete auf der Erde verschwunden.
Inzwischen hat man begriffen, dass Feuchtgebiete eine
Schlüsselrolle im Wasserkreislauf spielen, und setzt
sich für ihren Schutz und Erhalt ein: Sie saugen über-
schüssiges Regenwasser wie Schwämme auf und reinigen das Wasser, bevor es versickert und die Grundwas-
serschicht erreicht. Sie sind Überschwemmungsschutz,
Wasserspeicher, Kläranlage, Schutzgebiet für eine Viel-
zahl von Wassertieren und -pflanzen und Rastplatz für
unzählige Vogelarten.

DER LOHN FÜR DIE ARBEIT

Warum bezahlen wir die Natur eigentlich nicht für ihre Dienste?
Diese Frage stellten sich einige Umweltschützer. Sie hatten die Idee,
jedes „Angebot" der Natur mit einem Handelswert zu beziffern. In
unserer Welt, in der das Geld regiert – so ihre Überlegung – gibt
man den Dingen durch die Festlegung eines Preises eine Wertig-
keit, macht sie wertvoller. So hat zum Beispiel eine Studie jüngst
gezeigt, wie wichtig die Bienen für den Erhalt unseres weltweiten
Ernährungssystems sind. Die fleißigen Insekten arbeiten den gan-

GRASENDE RINDER IM FEUCHTGEBIET PANTANAL, MATO GROSSO DU SUL, BRASILIEN. In den letzten hundert Jahren ist mehr als die Hälfte der Feuchtgebiete auf der Erde verschwunden. Pantanal ist ein riesiges Feuchtgebiet in Brasilien, in dem eine bunte Vielfalt von Tieren lebt. In dieser Gegend, die wegen ihrer Einzigartigkeit von der UNESCO zum Weltnaturerbe erklärt wurde, betreiben die Bauern seit 200 Jahren eine extensive Viehzucht, die sich dem Rhythmus der Natur, den Überschwemmungen und der Austrocknung der Weiden anpasst.

zen Tag und bestäuben die Blüten von Kakao- und Kaffeepflanzen, von Obstbäumen und Gemüsepflanzen ... Mindestens ein Drittel der Ernten weltweit hängt direkt von der Bestäubung dieser eifrigen fliegenden Arbeiterinnen ab! Experten haben den Wert ihrer Arbeit mit 2800 € pro Hektar Land pro Jahr beziffert. Wenn das kein gewichtiges Argument für den Schutz der Bienen ist!

OHNE WALD KEIN LEBEN

LEBEN PUR

Wenn der Mensch atmet, nimmt er über seine Lungen den lebenswichtigen Sauerstoff auf. Beim Ausatmen scheidet er als Abfallstoff Kohlendioxid (CO_2) aus. Kohlendioxid ist in zu hoher Konzentration für den menschlichen Organismus giftig. Bei den Pflanzen ist es genau umgekehrt: Sie nehmen das CO_2 aus der Luft auf und geben dafür Sauerstoff ab. Insofern leisten Pflanzen einen wichtigen Beitrag, um die Luft für den Menschen „atembar" zu machen. Wälder sind wichtig für den Klimaschutz, sie binden große Mengen an CO_2 und reduzieren dadurch den Treibhauseffekt; deswegen nennt man sie auch die „grüne Lunge" der Erde.

Aber die Wälder der Erde haben noch viele andere wichtige Aufgaben: Mit ihrem dichten Wurzelwerk ermöglichen die Bäume ein besseres Versickern des Wassers im Erdboden; ihre Wurzeln halten den Boden und verhindern Erdrutsche und Überschwemmungen. Der Wald liefert uns wichtige Baustoffe wie Holz und Kork und Nahrung, z. B. Beeren oder Wild.

Über die Hälfte aller Tiere und Pflanzen der Erde leben in Wäldern.

FSC - EIN GÜTESIEGEL ZUM SCHUTZ DER WÄLDER

FSC steht für „Forest Stewardship Council", eine Art Rat für den verantwortlichen Umgang mit den Wäldern. Dieses Gütesiegel wird an Holz und Holzprodukte (wie Papier, Möbel, Parkettböden) vergeben, die aus einem Wald stammen, der nachhaltig, also schonend genutzt wird. Das heißt, man lässt dem Wald ausreichend Zeit, um nachzuwachsen, und die Rechte der dort lebenden Einheimischen und die Tiere, die in dem Wald leben, werden geschützt. Wer ein FSC-zertifiziertes Möbelstück kauft, leistet also einen Beitrag zum nachhaltigen Umgang mit den Wäldern.

In diesem Nationalpark in Gabun wachsen Urwälder, die vom Menschen unberührt geblieben sind. Hier lebt eine beeindruckende Vielfalt von Tieren und Pflanzen: über 350 Vogelarten, Gorillas, Schimpansen, eine der letzten intakten Herden von Waldelefanten und Tausende außergewöhnlicher Insekten.

Der tropische Regenwald hält in dieser Hinsicht alle Rekorde: Ein einzelner Baum beherbergt hier bis zu 2000 verschiedene Arten: Insekten, Vögel, Amphibien, Reptilien, Säugetiere, Pilze, Schwämme und Pflanzen. Er versorgt sie mit Lebens- und Schutzraum, Nahrung, Baustoff für ihre Nester und vielem mehr. Wenn ein Wald verschwindet, verschwindet auch all dieses Leben mit ihm.

BESONDERS GEFÄHRDET

Die Wälder im Amazonasgebiet, in Indonesien, in Zentral- und Ostafrika sind am stärksten bedroht. Oft wird der Wald gerodet, um neue Felder oder Weiden anzulegen.

Manche Regenwälder werden ihres Holzes wegen gefällt – trotz zahlreicher Aufklärungskampagnen sind tropische Hölzer immer noch begehrtes Baumaterial, zum Beispiel für Gartenmöbel. In Lateinamerika wird der Regenwald abgeholzt, um Soja anzubauen, das als Viehfutter für die Rinder dient, die wir später verspeisen. Und in Malaysia und Indonesien werden anstelle des Waldes riesige Ölpalm-Plantagen angepflanzt. Aus den Früchten der Ölpalme wird Palmöl gewonnen, das in unzähligen Lebensmitteln und Kosmetika verwendet wird, auch z. B. in Schokoriegeln oder in Chips. Viele Tierarten, etwa der Orang-Utan im Regenwald von Borneo, sind durch die Rodung ihres natürlichen Lebensraumes stark in ihrem Bestand bedroht. Es ist nicht leicht zu verhindern, Palmöl zu essen oder ein Shampoo zu verwenden, das Palmöl enthält. Aber man kann als Verbraucher etwas zum Schutz der Regenwaldbewohner unternehmen, indem man etwa bewusst Produkte wählt, die statt Palmöl Sonnenblumenkern- oder Rapsöl beinhalten.

DER OZEAN,
EINE WELT
FÜR SICH

KEIN LEBEN OHNE WASSER

Die Ozeane sind in mehrfacher Hinsicht die Grundlage allen Lebens.
Schon der Ursprung des Lebens auf der Erde liegt im Wasser!
Die Weltmeere sind reich an Fischen und an Rohstoffen, wie Erdgas, Mineralien und Erdöl (ein Drittel des Erdöls wird am Meeres-
grund gewonnen). Die Ozeane spielen eine wichtige Rolle im ewigen Kreislauf des Wassers und versorgen alle Lebewesen, auch uns
7 Milliarden Menschen, mit Sauerstoff, Trinkwasser, Regen, Nahrung
und Energie. Sie tragen maßgeblich zum Erhalt des Klimas bei und
dienen uns Menschen als Transportwege, schaffen Arbeitsplätze und
bieten uns zahlreiche Freizeitvergnügen.

EIN TAUCHER AM LIGHTHOUSE REEF ATOLL, BELIZE.
Die Korallenriffe in der Lagune dieses Atolls
sind nach wie vor unberührt. Mehr als 200
verschiedene Fischarten sind hier zu Hause.

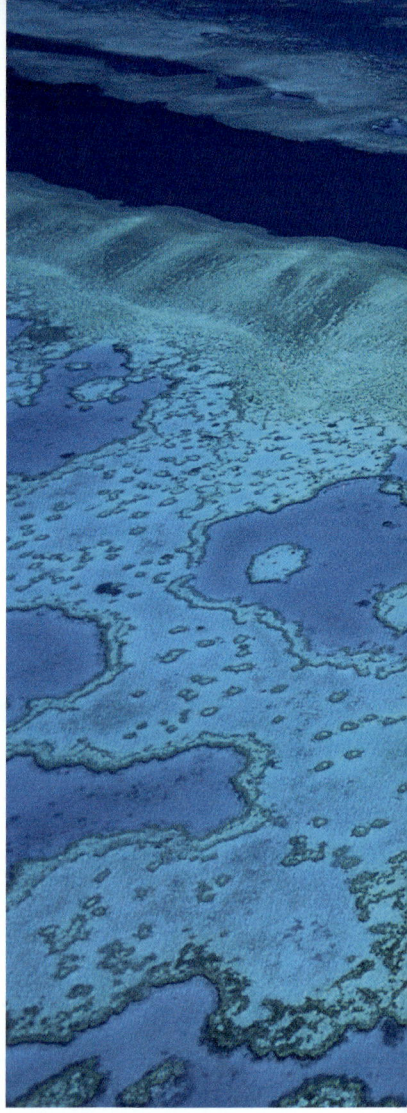

GÄRTNER DER MEERE

Korallenriffe sind unersetzlich: Sie schützen die Küsten und ihre Bewohner vor Stürmen und Erosion und bieten Tausenden von kleinen Fischen und anderen Meerestieren Schutz und Nahrung. In den letzten Jahrzehnten sind viele Korallenriffe zerstört worden, weil an den Küsten zu viel gebaut und mit Dynamit und Gift gefischt wurde. Auch die Erwärmung des Meerwassers stellt eine große Gefahr für die Korallenriffe dar. Deshalb sind in den letzten Jahren viele von ihnen verschwunden. Seit einiger Zeit versuchen die Küstenbewohner mithilfe von Forschern und freiwilligen Tauchern künstliche Korallenriffe anzulegen: Dafür werden Metallgerüste im Wasser versenkt, auf denen man kleine Korallen-Ableger befestigt. Wenn die äußeren Bedingungen stimmen, wachsen die Korallen an und besiedeln das Gerüst. Nach wenigen Jahren ist dann von dem Metall nichts mehr zu sehen – ein neues Korallenriff entsteht!

Drei Viertel der Erdoberfläche sind von Wasser bedeckt. Deshalb hielt man die Ressource Wasser lange Zeit für unerschöpflich. Man dachte, man könne unbegrenzt darüber verfügen. Aber heute sieht man, dass die Millionen Tonnen von Abfällen und Abwässern, die ins Meer geleitet wurden, nicht einfach wie von Zauberhand verschwinden, und dass die Millionen Tonnen Fische, die aus den Ozeanen geholt wurden, nicht von allein wiederkommen. Auch leiden die Weltmeere unter der allgemeinen Klimaerwärmung: Die Temperatur des Meerwassers steigt und reduziert so den Sauerstoffgehalt. Gleichzeitig bindet das Wasser zu viel CO_2 und übersäuert. Der Sauerstoff der Meere ist aber überlebenswichtig für uns alle. Denn es sind nicht die Bäume, sondern die Wasser der Ozeane, die über die Hälfte des Sauerstoffs produzieren, den wir einatmen. Schon allein deshalb sollten wir sie schützen!

1900 wurden weltweit
3 MILLIONEN TONNEN FISCH gefischt.

1996 wurden weltweit
86 MILLIONEN TONNEN FISCH gefischt.

Das Gütesiegel MSC kennzeichnet Fische, die aus nachhaltigem Fischfang stammen. Die Fischer beachten bestimmte Regeln und achten darauf, die Meere nicht zu überfischen.

GREAT BARRIER REEF, QUEENSLAND, AUSTRALIEN. Das Große Barrierriff vor der Nordostküste Australiens ist das größte Korallenriff der Welt. Es ist 2500 km lang und beherbergt rund 400 verschiedene Arten von Korallen. Über 1500 Fischarten leben hier und Tausende anderer Meerestiere. Korallenriffe sind Ökosysteme, die sehr empfindlich auf Veränderungen reagieren.

OB KLEIN ODER GROSS – ALLE SIND WICHTIG!

BIOLOGISCHE VIELFALT

Die allerersten Lebewesen auf der Erde waren Bakterien, primitive Einzeller. Einige Millionen Evolutionsjahre später hat sich aus diesen „Urvorfahren" eine beeindruckende Vielfalt an Lebewesen und Lebensräumen entwickelt. Diesen Reichtum bezeichnet man auch als biologische Vielfalt oder Biodiversität. Damit meint man die Millionen von Tier- und Pflanzenarten, die vielen verschiedenen Lebensräume, aber auch die komplexen Beziehungen der Tiere und Pflanzen untereinander und der Tiere und Pflanzen zu ihrem jeweiligen Lebensumfeld: Da gibt es die, die fressen, und die, die gefressen werden. Die, die einander helfen, und die, die schmarotzen. Manche sehen hässlich oder unbedeutend aus, andere gefährlich und beeindruckend ... Das ist das Leben! Und jedes dieser Lebewesen ist unentbehrlich, weil ihm eine ganz eigene Aufgabe im ökologischen System zukommt.

BEUNRUHIGENDE VERLUSTE

Ein Drittel der Lebewesen auf der Erde ist vom Aussterben bedroht. Und keine Art bleibt von dieser Bedrohung verschont, vom Pilz bis zum Säugetier. Dabei kennen wir heute noch nicht einmal alle Arten, die die Erde bevölkern! Mehrere Millionen sollen es sein, und es gibt immer noch zahlreiche Lebewesen, die bisher nicht entdeckt worden sind. Dass Arten wieder von der Erde verschwinden, ist der

natürliche Gang der Evolution. Nach 1 bis 2 Millionen Jahren stirbt
eine Art aus ... Das ist ganz normal. Beunruhigend sind aber das
Ausmaß und die Geschwindigkeit des derzeitigen Artensterbens. Die
Entwaldung, die Ausbeutung der Arten, die Umweltverschmutzung
und der Klimawandel tragen alle zu dieser Beschleunigung bei. Sie
aufzuhalten, ist eine große Herausforderung für uns alle.

GANZ SCHÖN INSPIRIEREND!

Wusstet ihr, dass die Erfinder des Klettverschlusses sich von den Samen einer Pflanze haben inspirieren lassen? Dass ein Architekt bei der Konzeption der Klimaanlage in seinem Haus die Gänge eines kenianischen Termitenbaus im Kopf hatte? Dass die großen Blätter der Lotusblüte Vorbild waren für die Entwicklung einer schmutzabweisenden Farbe? Dass die Form einer japanischen Lokomotive dem Schnabel eines Eisvogels nachempfunden ist? Die Natur steckt voller genialer Erfindungen ... und die Menschen lassen sich gern von ihr inspirieren! Hin und wieder klauen sie eine ihrer Ideen: Dann spricht man von Biomimetik, der Wissenschaft, die die Natur kopiert.

EIN BUCKELWAL IN DER BUCHT VON SAMANA, DOMINIKANISCHE REPUBLIK. Buckelwale waren in den 1960er-Jahren vom Aussterben bedroht. Dank eines internationalen Fangverbots konnten sich ihre Bestände wieder erholen. Viele andere Tierarten sind aber immer noch in Gefahr.

DIE HEIMISCHE ARTENVIELFALT

Dass Elefanten, Tiger, Rhinozerosse und Wale vom Aussterben bedroht sind, wissen wir alle. Aber wer weiß schon, dass das Artensterben z. B. auch unsere Kühe betrifft? Mitte des 19. Jahrhunderts gab es in Frankreich rund 80 verschiedene Kuhrassen. Jede Rasse hatte ihre klaren Vorzüge und war gut an ihren jeweiligen Lebensraum angepasst. Durch die intensive Landwirtschaft wurden einige besonders produktive Kuhrassen bevorzugt. Andere, weniger produktive Rassen wurden immer seltener gezüchtet. Schon heute gibt es nur noch 40 der vormals 80 Kuhrassen. Und davon ist nochmals jede zweite Rasse vom Aussterben bedroht!

Inzwischen ist man sich bewusst, wie kostbar diese Artenvielfalt ist, und bemüht sich die alten Haustierrassen wieder vermehrt zu züchten. Auch alte Obst- und Gemüsesorten versucht man zu erhalten, denn deren robustere und genügsamere Natur macht sie gegenüber Klimaveränderungen unempfindlicher.

KÖNNEN WIR ES BESSER ALS DIE NATUR?

Der Mensch hat in den letzten Jahren direkt in das Erbgut einiger Tiere und Pflanzen eingegriffen und versucht, manche Eigenschaften künstlich zu beeinflussen. Ein Lebewesen, dessen Erbgut im Labor verändert wurde, ist ein sogenannter „genetisch veränderter Organismus". So hat man zum Beispiel die Erbinformation eines Kaltwasserfisches in eine Erdbeere eingepflanzt, um die Pflanze ... frostunempfindlich zu machen! Dabei könnte man doch eigentlich meinen, dass die Natur selbst eine solche Vielfalt an Lebewesen hervorgebracht hat, dass die Menschheit keine künstlichen Lebewesen benötigt!

MEHR

> *Vergesst nicht, dass jeder von uns mal stolpert. Deshalb ist es so tröstlich, Hand in Hand zu gehen.*
>
> EMILY KIMBROUGH (1899–1989)

ZUSAMMENLEBEN

FUSSBALLSTADION VON CAMP NOU, BARCELONA, SPANIEN.
Es ist ein menschliches Bedürfnis, die Nähe der anderen zu suchen, um sich mit ihnen auszutauschen und gemeinsam etwas zu unternehmen. Bei Konzerten, Festen oder Sportveranstaltungen erfasst einen manchmal ein besonderes Gemeinschaftsgefühl angesichts der vielen Menschen, die dort vereint und alle auf das Gleiche ausgerichtet sind.

SOLIDARISCH ZUSAMMENLEBEN

DIE SCHULE, EINE GESELLSCHAFT IN MINIATURFORM

Schon die Menschen der Steinzeit waren soziale Wesen, die den Kontakt zu ihresgleichen suchten und sich in Gruppen zusammenfanden. Denn die meisten Menschen fürchten sich vor dem Alleinsein. Dabei gehen die Probleme oft in dem Moment los, wo sich Menschen zu einer Gruppe zusammenschließen und anfangen müssen, auf andere Rücksicht zu nehmen und mit ihnen zu teilen!

Die Schule funktioniert im Grunde genommen wie eine Miniatur-Gesellschaft. Es gibt Vorschriften, die das Zusammenleben regeln, Freundschaftsbeziehungen und Streitigkeiten, man spielt zu mehreren oder zu zweit ... Manchen Kindern fällt es schwer, sich in ein solches System einzufinden. Das mag daran liegen, dass sie die Sprache schlecht sprechen, dass sie eine Behinderung haben, dass sie aus einem anderen Land kommen oder dass sie eben einfach anders sind. Oft weiß die Gruppe dann nicht, wie sie mit diesen Kindern umgehen soll, und hat keine Lust sich um sie zu bemühen. Die Kinder werden ausgeschlossen und nicht beachtet. Solch eine Ausgrenzung ist schwer zu ertragen und macht sehr unglücklich.

Auch wenn die anderen Gruppenmitglieder sich gleichgültig geben, tief in ihrem Innern tut es ihnen in der Regel leid und früher oder später werden sie auf die Ausgeschlossenen zugehen. Solch ein Impuls macht uns glücklich, denn er ermöglicht uns unsere wahre Natur zu zeigen – die Großzügigkeit und die Güte, die in uns stecken. Diese Gefühle trägt jeder in sich, aber manche Menschen können sie nicht zum Ausdruck bringen, weil die Angst sie daran hindert.

AUF DER STRASSE ZU HAUSE

Auf der Welt leben rund 120 Millionen Kinder ohne ein Dach über dem Kopf und ganz auf sich allein gestellt: vom Senegal bis nach Indien, von Russland bis Nepal, von Marokko bis Peru ... Die meisten leben auf der Straße, weil ihre Eltern zu arm sind, um sich um sie zu kümmern. Diese Kinder haben kaum Chancen, einen Platz in der Gesellschaft zu finden und etwas menschliche Wärme und Anerkennung zu erfahren. Humanitäre Hilfsorganisationen nehmen sie auf und bieten ihnen eine Unterkunft, Zuwendung und seelische Unterstützung, Gesundheitsversorgung, etwas zu essen, eine schulische Grundausbildung ... Dank dieser Hinwendung gelingt es einigen der Kinder, aus ihrer Randexistenz zurück in die Gesellschaft zu finden und ein normales Leben in ihrem Land zu führen. Oft möchten die, die das schaffen, später selbst anderen helfen.

FUSSGÄNGER IN DEN STRASSEN VON TOKIO, HONSHU, JAPAN. Die Stadt Tokio hat 12 Millionen Einwohner. Wenn man ihr Einzugsgebiet mit dazurechnet, ist es mit über 30 Millionen Einwohnern die größte Stadtlandschaft der Welt. In Japan, wie in allen reichen Industrieländern, leben Tausende von Obdachlosen in Armut und am Rande der Gesellschaft.

EIN RECHT AUF MENSCHLICHKEIT

In unserer heutigen Gesellschaft geht es ähnlich zu: Wir neigen dazu, mehr für uns und nicht für die anderen zu leben. Wir bleiben in einem gewissen Egoismus und auf uns selbst bezogen – wir achten auf unseren Komfort und auf unsere Bedürfnisse. Oft leben wir nebeneinanderher, ohne unseren Nachbarn große Beachtung zu schenken und ohne uns mit ihnen auszutauschen. So kommt es, dass manche Menschen verlassen und verstoßen am Rande der Gesellschaft leben. Dabei denkt man vielleicht zuallererst an Menschen mit einer Behinderung, aber dieses Schicksal trifft genauso auf die illegalen Einwanderer zu, auf Obdachlose, Langzeitarbeitslose, kranke und alte Menschen, Immigranten oder andere Menschen, die aufgrund ihres Aussehens oder ihrer Überzeugungen anders sind.

Sie alle sind Menschen. Und allein deswegen haben sie ein Recht darauf, in Würde zu leben, zur Schule zu gehen, einer Arbeit nachzugehen, eine Wohnung und Freunde zu haben.

ANDERS SEIN UND SO WIE ALLE LEBEN

Über eine Milliarde Menschen, rund 15% der Weltbevölkerung, lebt mit einer Behinderung. Diese Menschen stoßen in ihrem Alltag auf zahlreiche Hindernisse: wenn sie sich fortbewegen wollen, nach Informationen suchen, um zur Schule zu kommen, eine Arbeit zu finden ... In den Industrieländern wird viel getan, damit Menschen mit einer Behinderung einen möglichst normalen Alltag haben können: Es gibt behindertengerechte Arbeitsplätze, die öffentlichen Einrichtungen sind für Behinderte zugänglich, in den öffentlichen Verkehrs-

mitteln und auf Parkplätzen gibt es speziell reservierte Plätze ... Die Erfahrung hat gezeigt, dass die Integration von Menschen mit einer Behinderung allen guttut.

WARTENDE ZUSCHAUER IM ABENDLICHT. FREILICHTKINO IM PARC DE LA VILLETTE, PARIS, FRANKREICH.
In der Großstadt leben die meisten Bewohner in Wohnungen, oft nur durch eine dünne Wand voneinander getrennt. Trotz dieser räumlichen Nähe sprechen viele kaum mit ihren Nachbarn, falls sie sie überhaupt kennen! Ein Fest oder eine Veranstaltung können dabei helfen, dass man sich kennenlernt und unterhält. Zusammen ist es doch viel schöner als allein!

BEHINDERUNG UND ARMUT

Die große Mehrheit der Menschen mit Behinderung, nämlich 80%, lebt allerdings in den sogenannten Entwicklungsländern. Die Vereinten Nationen schätzen, dass in den ärmeren Ländern ein Viertel der Bevölkerung direkt oder indirekt von Behinderung betroffen ist, vor allem Frauen. Während in den Industrienationen die grundlegenden Bedürfnisse von Menschen mit Behinderung weitestgehend gewährleistet sind (Nahrung, Wohnung, medizinische Versorgung und Bildung), ist dies in Entwicklungsländern häufig nicht der Fall. Viele Menschen mit Amputationen haben hier etwa keine Aussicht darauf, jemals eine Prothese zu bekommen. Mehr als 20 Millionen Menschen weltweit, so schätzt die Weltgesundheitsorganisation, bräuchten eigentlich einen Rollstuhl und haben keinen.

Zwischen Behinderung und Armut besteht ein direkter Zusammenhang. Menschen mit Behinderung sind vor allem in ärmeren Ländern in besonderer Weise von Armut bedroht. Während Menschen mit Behinderung in den Industrienationen für verbesserte Dienstleistungen und ein selbstbestimmtes Leben kämpfen, geht es den Menschen mit Behinderung in den Entwicklungsländern vorrangig ums Überleben.

WER LACHT, WIRD SCHNELLER GESUND!

Heute kommt ein Clown in die Kinderklinik, ein echter! Er ist nicht etwa krank, sondern kommt, um die kranken Kinder zu unterhalten. Wer länger im Krankenhaus bleiben muss, fühlt sich schnell von der Außenwelt abgeschnitten und langweilt sich. Die Klinikclowns sind Freiwillige, die Kinder (und auch Erwachsene!) für einen Moment von ihrem Schicksal ablenken und ihnen durch das Lachen Zuversicht geben möchten. Ihre Medizin ist der Humor. Die deutschen „Roten Nasen" gehören zu der internationalen Vereinigung der „Red Noses": Jährlich besuchen über 300 Rote-Nasen-Clowns über 640.000 Menschen und schenken ihnen Spaß und Zuversicht.

SOLARDACHHÄUSER IM ÖKOVIERTEL VAUBAN, FREIBURG IM BREISGAU, DEUTSCHLAND. In Freiburg produzieren die Solardächer der Häuser im Vauban-Viertel mehr Energie, als die Bewohner benötigen und die Hausbesitzer können die überschüssige Energie an die lokale Stromgesellschaft verkaufen.

IM EINKLANG MIT DER NATUR LEBEN

PLATZ FÜR DIE MENSCHEN UND DIE NATUR!

Heute leben über Dreiviertel der Weltbevölkerung in Städten. So viele Menschen menschenwürdig unterzubringen und dabei gleichzeitig die Umwelt zu schützen, stellt die Architekten und Stadtplaner vor große Herausforderungen.

Einige der wichtigsten Aspekte, die das Leben in der Stadt „lebbar" machen, sind:

- Verkehrsmittel, die die Luft nicht verschmutzen; viel Raum für öffentliche Verkehrsmittel, Fahrräder und Fußgänger;
- viele Grünanlagen und Raum für die Natur;
- nachhaltiges Bauen: gut isolierte Gebäude, die wenig Energie verbrauchen;
- Wohnbauten, Büros und Geschäfte, die möglichst nah beiein-anderliegen, um die Anfahrtswege zu verkürzen;
- ein effizienter Recycling-Kreislauf für die Abfälle;
- Auffangbecken und hinreichende Nutzung des Regenwassers;
- Einsatz erneuerbarer Energien.

Es gibt viel zu tun!

GEMEINSCHAFTS-GÄRTEN

Wo früher Flugzeuge von West-Berlin in alle Welt starteten, gibt es nun über 300 Hektar grünen Freiraum zum Skaten, Spazierengehen, Gärtnern, Picknicken. Auf dem Gelände des ehemaligen Flugplatzes Tempelhof sind in den letzten Jahren zahlreiche soziale Projekte entstanden, unter anderem der Interkulturelle Gemeinschaftsgarten Allmende-Kontor. Zurzeit wird er von über 500 GärtnerInnen ehrenamtlich betrieben. Vor allem für Familien ohne eigenen Garten, aus den ärmeren Bezirken, bietet er eine Möglichkeit, in der Natur zu sein, sich in Ruhe mit anderen auszutauschen und den Spaß am Gärtnern zu erleben. Mitmachen darf jeder. Allein in Berlin entstanden in den letzten Jahren zwischen 60 und 100 solcher gemeinschaftlich „beackerten" Gärten.

DAS ZUSAMMENLEBEN IN EINEM ÖKOVIERTEL

Zu vielen in einer Stadt zu leben und dabei die Natur zu respektieren – das ist zwar eine echte Herausforderung, aber es ist nicht unmöglich! Es gibt bereits verschiedene Ökoviertel auf der Welt, die versuchen, ein nachhaltiges Stadtleben zu organisieren. Das Vauban-Viertel in Freiburg war das erste seiner Art: Die ersten Bewohner zogen hier 1996 ein, um neue Wohnformen auszuprobieren: Wohngebäude, die weniger Wasser und weniger Energie verbrauchten, Windräder und Solaranlagen, um Strom zu produzieren, Mülltrennung, eigene Radwege, Gemeinschaftsräume und viele Grünanlagen. Das Konzept wirkt attraktiv, aber heute sind immer noch die meisten Städte weit davon entfernt, eine solche neue Form des Wohnens zu realisieren – große Veränderungen brauchen viel Zeit ... Jedes weitere neue Ökoviertel ist ein richtiger Schritt in Richtung einer neuen, umweltfreundlicheren Welt und die Ökoviertel von heute werden langfristig zu einer nachhaltigen Stadt der Zukunft führen!

> *Um der Natur
> befehlen zu können,
> muss man ihr gehorchen.*
>
> FRANCIS BACON (1561–1626)

SCHREBERGÄRTEN IM STADTVIERTEL AVANCHETS, VERNIER, KANTON GENF, SCHWEIZ. Auch in der Stadt kann man sein Gemüse ziehen! Viele Stadtbewohner haben einen eigenen Garten, der oft nicht direkt vor ihrer Haustür liegt. In Deutschland gibt es mehr als eine Million solcher Schrebergärten. Weltweit sind es rund 800 Millionen Menschen, die in Städten leben und das Gärtnern als Hobby betreiben.

VON 7 BIS 77 SIND ALLE DABEI!

ALLE ZUSAMMEN

Früher lebten mehrere Generationen einer Familie unter demselben Dach. Auch die Alten hatten eine Aufgabe und verbrachten ihren Lebensabend in der Großfamilie. Heute findet man solche Großfamilien vor allem noch in traditionellen Gesellschaften. Dank des medizinischen Fortschritts werden die Menschen heute wesentlich älter als früher und deshalb gibt es immer mehr Senioren in unserer modernen Gesellschaft. In Europa machen die über 75-Jährigen 10% der Bevölkerung aus. Die Jungen verlassen die Familie meistens, wenn sie volljährig werden, und gehen anderswo studieren oder arbeiten. Die wenigsten bleiben bei ihren Familien wohnen.

In der Stadt leben viele Menschen nebeneinanderher. Oftmals wohnt nebenan ein alter Mensch, der allein und isoliert ist und unter seiner Einsamkeit leidet. Vielleicht fühlt er sich nutzlos und würde gerne noch für andere da sein: Rat geben, Erfahrungen teilen, zuhören, spielen, zusammen Quatsch machen ...

JUNG UND ALT ZUSAMMEN

Überall in Deutschland gibt es inzwischen Projekte, die Jung und Alt zusammenbringen. Sei es, dass in Mehrgenerationenprojekten einen Nachmittag in der Woche gemeinsam im Bürgerhaus gewerkelt und gespielt wird oder dass Kindergartenkinder und Grundschüler regelmäßig in Seniorenheimen zu Gast sind – eines ist sicher: Alle machen begeistert mit!

EIN SCHWIMMENDES DORF AUF DEM SEE TONLÉ SAP, PROVINZ SIEM REAP, KAMBODSCHA. In den Entwicklungsländern leben die Menschen noch in Großfamilien. Alle Familienmitglieder, ob jung oder alt, tragen im Rahmen ihrer Möglichkeiten zum Familienleben bei.

EIN HEILMITTEL GEGEN DIE EINSAMKEIT

Das einfachste Mittel, um die Einsamkeit alter Menschen zu durchbrechen, ist, sie zu besuchen! Viele karitative Vereinigungen arbeiten mit Freiwilligen zusammen, die alten Menschen regelmäßig Besuche abstatten. Die freiwilligen Besucher bringen vor allem
Aufmerksamkeit und Zeit mit: Sie kommen, um sich mit der alten
Dame oder dem alten Herrn zu unterhalten, spazieren zu gehen
oder Karten zu spielen.
Kleine Aufmerksamkeiten wie diese sind oft viel wirksamer als Medizin. Wissenschaftliche Studien haben bewiesen, dass Tätigkeiten,
die die zwischenmenschlichen Beziehungen, das Selbstwertgefühl
und den Austausch fördern, zum seelischen Wohlsein und der Gesundheit alter Menschen beitragen.

GEMEINSAM KOCHEN

In Leipzig dürfen die Kinder einer Kindertages-
stätte regelmäßig mit den Bewohnern des nahe-
gelegenen Seniorenheims zusammen kochen. Einmal
pro Woche treffen sie sich dort in der großen Küche
mit ihren älteren, erfahrenen Kochpaten und üben
sich in Zweierteams unter Anleitung ihres Koch-
maskottchens und einer Ernährungswissen-
schaftlerin im Kochen. Viele Freundschaften
sind schon entstanden, immer wird viel
diskutiert und gelacht und allen
schmeckt's – da bleibt keine
Zeit für Langeweile
und Trübsal!

PAUSE AUF DEM SCHULHOF IN HLATIKULU,
REGION VON SHISELWENI, SWASILAND.
Gemeinsam zu spielen, zu tanzen,
zu lachen lässt uns Freude und
Glück empfinden.

DIE NÄCHSTE GENERATION

GROSSZÜGIG SEIN MACHT GLÜCKLICH!

Seinen Nachtisch mit einem Freund teilen, jemandem, den man gernhat, ein kleines Geschenk machen oder einen Gefallen erweisen, ohne etwas dafür im Gegenzug zu erwarten – mit all diesen Gesten verbreitet man in seinem Umfeld etwas Freundlichkeit und Liebe. Wir freuen uns darüber, dass wir unsere eigenen Bedürfnisse hinter die anderer zurückgestellt haben.

Wenn die anderen noch gar nicht geboren sind, stellt sich die Sache komplizierter dar. Doch genau darum geht es, wenn wir davon sprechen, dass unser Planet unseren Schutz braucht. Wir müssen heute handeln, damit auch zukünftige Generationen gut auf dieser Erde leben können. Das ist die anspruchsvollste Form der Großzügigkeit und eine ganz schöne Herausforderung für die Menschheit.

LASSEN SIE DIESEN PLANETEN BITTE SO ZURÜCK, WIE SIE IHN GERNE VORFINDEN WÜRDEN!

Das ist eine Grundregel des zivilisierten Zusammenlebens: Man hinterlässt einen Ort so, wie man ihn bei seiner Ankunft vorgefunden hat. Man beschmutzt oder beschädigt ihn nicht und denkt an die, die später kommen werden. Es liegt in der Verantwortung der heute lebenden Menschen sich anzustrengen, um dies möglich zu machen. Unsere Großzügigkeit gegenüber den nachfolgenden Generationen liegt darin, dass wir unser Verhalten verändern. Nur so können wir den zukünftigen Erdbewohnern Wasser, Luft, Biodiversität, Ressourcen und natürliche Lebensräume in einem guten Zustand hinterlassen.

EIN GESCHENK FÜR DIE GENERATIONEN DER ZUKUNFT

Das klimatische Gleichgewicht auf der Erde ist für uns alle lebenswichtig und es ist dabei, sich zu verändern. Die Vertreter fast aller Länder der Welt treffen sich regelmäßig, um gemeinsam zu überlegen, wie man den weltweiten Ausstoß von klimagefährdenden Treibhausgasen reduzieren könnte (siehe Kasten). Auf Regierungsebene muss man sich neue Regeln für die Herstellung, den Transport und den Verbrauch von Waren ausdenken und erneuerbare Energien fördern. Als Einzelne können wir unsere Gewohnheiten verändern: keinen Strom verschwenden, mit dem Fahrrad statt mit dem Auto fahren, Erzeugnisse aus lokalem Anbau kaufen, Müll trennen ...

TREIBHAUSGASE: WAS PASSIERT DA OBEN?

Die Sonne schafft mit ihrem Licht und ihrer Wärme die nötigen Voraussetzungen für das Leben auf der Erde. Dass sich die Sonnenwärme nicht in den Weiten des Weltalls verliert, verdanken wir der Erdatmosphäre und den in ihr enthaltenen Gasen. Diese Gase wirken wie die Glasscheiben in einem Treibhaus: Sie halten die Wärme zurück und garantieren so, dass die Temperatur auf der Erde relativ konstant bleibt. Deswegen nennt man sie auch Treibhausgase.

Solange die natürlichen Treibhausgase in der richtigen Mischung in der Erdatmosphäre enthalten sind, funktionieren sie wie ein „Schutzschild". Wenn sie aber stark zunähmen, würde die Temperatur auf der Erde steigen. Und das hätte bedrohliche Folgen für das Leben auf der Erde.

Leider passiert genau das seit einigen Jahrzehnten: Durch das menschliche Handeln entstehen viele zusätzliche Treibhausgase, die das Gleichgewicht in der Atmosphäre belasten: Autos, Kraftwerke, Fabriken und die Landwirtschaft stoßen Treibhausgase aus, die vor allem aus fossilen Energien stammen (Erdgas, Erdöl und Kohle). Diese zusätzlichen Gase sammeln sich in der Atmosphäre an und verstärken das natürliche Phänomen des Treibhauseffekts künstlich. Das hat zur Folge, dass sich das Klima auf unserer Erde erwärmt.

Solche Entwicklungen machen sich natürlich nicht von heute auf morgen bemerkbar, sondern brauchen eine gewisse Zeit. Das heißt, dass man die Folgen des von Menschen gemachten Treibhauseffekts von heute erst so richtig in ca. 100 Jahren spüren wird.

Die Forscher sagen voraus, dass die Temperaturen auf der Erde im Jahre 2100 durchschnittlich zwischen 0,3 Grad C und 4,8 Grad C höher sein werden als heute. Die Eisberge in Grönland schmelzen durch die Klimaerwärmung immer schneller und wenn sie vollständig schmelzen sollten, dann würde der Meeresspiegel der Weltozeane um rund 7 Meter ansteigen ... Die Vorstellung ist gruselig, aber andererseits sind wir dann ja schon gar nicht mehr auf der Erde und eigentlich gar nicht mehr von dem Problem betroffen – oder? Außer wir würden uns für die späteren Generationen verantwortlich fühlen ...

„RIESENSCHWIMMBAD" MIT SALZWASSER, RAMOS-VIERTEL, RIO DE JANEIRO, BRASILIEN. 1930 lebten 2 Milliarden Menschen auf der Erde. 1975 waren es 4 Milliarden und heute hat die Weltbevölkerung die 7-Milliarden-Grenze überschritten. Im Jahre 2100 werden vermutlich 10 Milliarden Menschen die Erde bevölkern … Vielleicht sind wir schlichtweg zu viele?

Alle Menschen haben die gleichen Rechte. Aber unter den Menschen gibt es welche, die mehr Rechte haben als andere. Darin liegt die Ungerechtigkeit.

AIMÉ CÉSAIRE (1913–2008)

MEHR

RESPEKT FÜR MENSCHEN- RECHTE

KINDER IM SOMALISCHEN FLÜCHTLINGSLAGER IFO, DADAAB, KENIA. Die Kinder, die in diesem Flüchtlingslager leben, haben alles zurücklassen müssen: ihre Heimat, ihr Zuhause, ihre Schule, ihre Freunde. Sie leben in Notunterkünften und warten darauf, nach Hause zurückkehren zu können und die grundlegendste aller Freiheiten zurückzuge- winnen – die Freiheit, in ihrem eigenen Land zu leben!

IN FREIHEIT LEBEN

ALLE HABEN DAS GLEICHE RECHT AUF FREIHEIT

„Die Menschen werden frei und gleich an Rechten geboren und bleiben es ein Leben lang."

Das besagt der erste Artikel der französischen Erklärung der Menschen- und Bürgerrechte von 1789, der sich in ganz ähnlicher Form auch in der Erklärung der Menschenrechte wiederfindet, die die Vereinten Nationen 1948 verabschiedeten und die heute immer noch gelten. Die Freiheit ist somit das erste Grundrecht des Menschen. Frei sein zu tun, zu sagen, denken und glauben, was man möchte, zu gehen, wohin man möchte, und sein Leben frei zu bestimmen, ist eine der Grundlagen für ein glückliches und zufriedenes Leben.

Das mag für uns heute, die wir in Europa leben, selbstverständlich klingen, aber in den vergangenen Jahrhunderten haben viele Männer und Frauen dafür gekämpft, um die Menschenrechte und Grundfreiheiten zu verteidigen und durchzusetzen. Und in anderen Regionen der Welt sind manche der Freiheiten, die seit 200 Jahren in Europa gelten, immer noch nicht garantiert.

MEINE FREIHEIT, DEINE FREIHEIT

Ist man allein, ist es einfach, in Freiheit zu handeln. Aber wirklich allein sind wir nur in den seltensten Fällen. Frei zu handeln in der Gegenwart anderer ist hingegen etwas ganz anderes! Denn unsere Handlungen könnten einen anderen stören, ihn verletzen oder ihm sogar schaden. Deshalb nehmen wir Rücksicht aufeinander. „Die Freiheit des einen endet dort, wo die Freiheit des anderen

FREIHEITSSTATUE AUF LIBERTY ISLAND UND BLICK AUF MANHATTAN, NEW YORK, USA. Die Freiheitsstatue war ein Geschenk des französischen Volkes für die USA zum hundertjährigen Jubiläum der amerikanischen Unabhängigkeit. Für Millionen von europäischen Einwanderern, die in die USA auswanderten, um hier eine bessere Zukunft zu finden, war die Statue ein Willkommensgruß und ein Versprechen: Es war das Erste, was sie sahen, wenn ihr Schiff nach einer mehrwöchigen Überquerung des atlantischen Ozeans endlich das Land ihrer Träume erreichte.

beginnt", heißt es so schön in einem Sprichwort. Diese Grenze zu ziehen zwischen meiner Freiheit und der Freiheit des anderen, ist nicht leicht. Um nicht im Chaos zu versinken, müssen alle Menschen deshalb auf Teile ihrer Freiheit verzichten und sich Gesetzen unterwerfen, die für alle gleich sind.

SCHULE GARANTIERT EINE BESSERE ZUKUNFT

NICHT ALLE AUF DER WELT HABEN DIE GLEICHEN FREIHEITEN

In manchen Ländern werden die Freiheitsrechte gar nicht oder nur zu Teilen respektiert. In einer Demokratie, die auf dem Recht der freien Wahl basiert, hat man zum Beispiel die Freiheit, seine Meinung zu äußern – auch wenn sie den Regierenden manchmal nicht gefällt.

In Diktaturen und autoritären Staaten gibt es oft keine Meinungsfreiheit: Die Menschen dürfen dann die Politik ihrer Regierung nicht öffentlich kritisieren und die Zeitungen keine kritischen Artikel veröffentlichen.

Selbst in Europa sind die Freiheitsrechte keine Selbstverständlichkeit: Wenn in einem Land eine politische Krise ausbricht, ist die Meinungsfreiheit der Presse oft eine der ersten, die eingeschränkt wird.

Nordkorea ist eines der Länder, wo die meisten Menschen- und Bürgerrechte nicht respektiert werden. Dort herrscht ein Diktator. Neben vielen anderen Einschränkungen gibt es auch keine Informationsfreiheit, und die Nutzung des Internets ist verboten. Die Bürger können auch nicht selbst entscheiden, wo sie im Land wohnen möchten. Und die Nordkoreanerinnen sind noch benachteiligter: So durften Frauen lange Zeit keine Hosen tragen oder Fahrrad fahren! Auch in Saudi-Arabien haben Frauen nicht die gleichen Rechte wie Männer: Sie müssen ihr Gesicht verschleiern und bodenlange Gewänder tragen. Frauen dürfen nicht Auto fahren und sind der Vormundschaft eines Mannes unterstellt: Viele Dinge, wie frei reisen, können sie nur, wenn ihr Vater, Bruder oder Ehemann dem zustimmt.

Das Recht, beim Schulbesuch zu spielen, zu lachen, zu laufen, Neues zu entdecken und zu lernen – das wünschen sich alle Kinder dieser Erde.

BILDUNG ÖFFNET TÜREN

Wer zur Schule geht, lernt nicht nur lesen, schreiben und rechnen, sondern erfährt auch viel über seine Umwelt und lernt sie besser verstehen. Bildung öffnet viele Türen: Jemand, der zur Schule gegangen ist, weiß über seine Rechte besser Bescheid und kann für sie eintreten. Menschen mit Schulbildung können die politischen Zusammenhänge (in ihrem Land) besser verstehen und sind eher in der Lage, sich politisch zu engagieren. Bildung gibt uns Zugang zu Kultur, sie bereichert uns intellektuell und ermöglicht uns, unseren Lebensunterhalt in Würde zu verdienen – aus gebildeten Menschen werden Erfinder und gesellschaftliche Erneuerer. Gerade in ärmeren Ländern können sich gebildete Menschen auch besser um ihre Gesundheit kümmern. Sie wissen, wie wichtig Hygiene ist, um bestimmte Krankheiten zu verhindern, und können sich mit Verhütungsmitteln davor schützen, zu viele Kinder zu bekommen.

Für viele Kinder auf der Welt, in besonders armen Ländern oder in Flüchtlingslagern, besteht das Klassenzimmer nur aus einem einfachen Zelt oder dem nackten Lehmboden unter freiem Himmel. Bücher gibt es keine. Aber die Kinder freuen sich, dort jeden Tag ihre Lehrerin oder ihren Lehrer zu treffen. Viele andere haben diese Chance nicht: Für 121 Millionen Kinder, die in den armen Ländern in Afrika und Südostasien leben, bleibt die Schule ein unerreichbarer Traum. Das entspricht jedem fünften Jugendlichen (von 12 bis 15 Jahren) und jedem elften Kind (von 6 bis 11 Jahren) auf dieser Welt.

WEITER SO!

Im Jahr 2000 haben die Vereinten Nationen ein groß angelegtes Programm gestartet, um für alle Kinder auf der Welt das Recht auf Bildung durchzusetzen: Das Programm nannten sie „Bildung für alle!". Die reichen Länder finanzierten die Ausbildung von Lehrern, den Bau von Schulgebäuden und den Kauf von Schulmaterialien. Aber das Ziel hat man nicht erreicht. In den ärmeren Ländern besuchen nur 63% der Kinder eine Grundschule, das ist etwas mehr als die Hälfte! Die nicht eingeschulten Kinder arbeiten zu Hause, auf dem Feld oder auswärts, um etwas Geld zu verdienen.

Dadaab
ist eines der größten Flüchtlingslager der
Welt: Hier leben rund eine halbe Million
Menschen. Manche von ihnen sind schon
seit über 20 Jahren hier. Mittlerweile
ist Dadaab zur drittgrößten Stadt Kenias
geworden. Die kenianische Regierung droht
immer wieder damit, das Lager zu schließen. Im Flüchtlingslager gibt es mehrere
Krankenhäuser und Schulen. Die Schülerinnen auf dem Bild tragen eine gelbe
Schuluniform.

168 MILLIONEN KINDER

arbeiten auf der Welt.

59%

arbeiten in der Landwirtschaft
(Feldarbeit oder Vieh hüten).

Seit dem Jahr 2000 ist die Anzahl der arbeitenden
Kinder um ein Drittel gesunken. Damals waren
es noch 246 Millionen.

Über die Hälfte der arbeitenden Kinder verrichtet
gefährliche Arbeiten (Drogenhandel, Krieg, Minenarbeit).

MUSIK GEGEN KINDERARBEIT

Wenn Kinder nicht zur Schule gehen, gehen sie zur Arbeit. Kinderarbeit ist ein großes Problem auf der Welt. Die Kinder selbst können sich nicht dagegen wehren: Wie soll man als Achtjähriger protestieren, wenn man den ganzen Tag die Rinder und Schafe auf der vertrockneten Weide hüten muss? Wie kann man seine Rechte einklagen, wenn man als Kindersoldat in einem Krieg der Erwachsenen kämpfen muss? Überall auf der Welt setzen sich Menschen ein, um diese unerträgliche Situation zu beenden. Mit Initiativen wie dem Internationalen Tag gegen Kinderarbeit (12. Juni) versucht man die Gesellschaft auf das Problem aufmerksam zu machen. Die Internationale Arbeitsorganisation (IAO) hat eine weltweite Kampagne bei Musikern und Sängern gestartet und sie gebeten, diesem Thema ein Lied oder ein Konzert zu widmen. Durch die Musik werden die Musiker zu Fürsprechern der Kinder und mobilisieren die Politiker, dringend etwas gegen Kinderarbeit zu tun.

ALLE MÄDCHEN ZUR SCHULE!

Wenn eine Familie in einem armen Land die Möglichkeit hat, eines ihrer Kinder zur Schule zu schicken, wird sie sich meistens für einen ihrer Söhne entscheiden. Die Mädchen müssen zu Hause bleiben, um im Haushalt zu helfen, die jüngeren Geschwister zu versorgen oder zu arbeiten. In Burkina Faso zum Beispiel gehen nur 27 % der Mädchen in den ländlichen Gegenden zur Schule. In Kambodscha kümmert sich die Schule „Happy Chandara", die 2005 von dem Verein „Alle Mädchen zur Schule" gegründet wurde, vor allem um die Mädchen aus armen Familien. Jedes Jahr empfängt sie 700 Schülerinnen und bringt ihnen nicht nur Lesen und Schreiben bei, sondern kümmert sich auch um ihre Gesundheit. Sie sorgt dafür, dass die Mädchen geimpft werden, ihre Zähne pflegen und sich besser ernähren können. Mit den Spendengeldern, die der Verein einnimmt, finanziert er nicht nur die Schule, sondern kauft auch Reissäcke für die Familien, um sie für die Abwesenheit der Tochter zu entschädigen, die nun nicht mehr aufs Feld, sondern in die Schule geht! Wenn diese Mädchen einmal erwachsen sind, werden sie einen Beruf ergreifen können und selbst ihren Lebensunterhalt verdienen. Sie werden bessere Lebensbedingungen als ihre Mütter haben und ihren eigenen Kindern wiederum ermöglichen zur Schule zu gehen.

SITZ DES INTERNATIONALEN KOMITEES VOM ROTEN KREUZ (IKRK), GENF, SCHWEIZ. Das Internationale Komitee vom Roten Kreuz (IKRK) ist eine neutrale und unabhängige Schweizer Organisation, die sich für den Schutz der Opfer von kriegerischen Konflikten und Naturkatastrophen einsetzt. Es gibt weltweit 190 nationale Gesellschaften, die sich für den Schutz von Kriegsopfern einsetzen. Je nach Land agieren sie unter der Flagge des roten Kreuzes, des roten Halbmonds oder des roten Diamanten. Koordiniert werden sie von der Internationalen Föderation der Rotkreuz- und Rothalbmondgesellschaften, die ebenfalls ihren Sitz in Genf hat.

GESUNDHEIT FÜR ALLE

SOLIDARITÄT ZAHLT SICH AUS

Jeder kann krank werden oder einen Unfall haben. Damit auch jeder medizinisch versorgt ist, wenn ein solcher Fall eintritt, gibt es in den reichen Industrieländern eine Kranken- und Unfallversicherung. Sie funktioniert nach einem einfachen Prinzip: Jeder Erwachsene zahlt pro Monat einen gewissen Betrag in eine gemeinsame Kasse ein – egal ob er krank oder gesund ist. Wie viel jeder Einzelne einzahlt, hängt davon ab, wie viel er verdient. Diese Beiträge gehen in eine große Kasse, eine Art „Sparschwein", aus dem Geld entnommen werden kann für alle, die gerade einen Arzt oder das Krankenhaus bezahlen oder Medikamente kaufen müssen.

Laut UNICEF erleben heute mehr Kinder ihren fünften Geburtstag als jemals zuvor. Seit 1990 konnte die Zahl der Todesfälle bei Babys und Kleinkindern fast halbiert werden. Auch in sehr armen Ländern wie Äthiopien und Bangladesch ist es durch Impfkampagnen und dem Einsatz von Gesundheitshelfern in den ärmsten Gemeinden gelungen, die Überlebenschancen der Kinder deutlich zu verbessern.

Diese gute Idee ist aus der solidarischen Vorstellung geboren, dass alle, denen es gerade gut geht, alle, die gerade Hilfe brauchen, unterstützen. Und dass jeder, der Geld einzahlt, eines Tages selbst von der Krankenkasse unterstützt werden kann. Aber die Kosten, die aus der Gemeinschaftskasse bezahlt werden müssen, sind in den letzten Jahren immer weiter gestiegen, und die Krankenkassen in den reichen Ländern haben Schwierigkeiten, die teuren Krankenhäuser und die vielen benötigten Medikamente weiter zu bezahlen, ohne Schulden zu machen. Schwierig ist auch, dass es mehr und mehr alte Menschen gibt, die viel ärztliche Versorgung benötigen, und dass im Verhältnis weniger junge, gesunde Menschen ihren Beitrag in die Kasse einzahlen.

IST DAS GERECHT?

Die Gesundheitssysteme sind je nach Land sehr unterschiedlich: In Großbritannien zum Beispiel wird die medizinische Versorgung größtenteils vom Staat getragen. Dafür müssen die Menschen oft lange auf ihre Behandlung warten und dürfen sich ihren Arzt nicht selbst aussuchen. In vielen Ländern besteht nicht die Verpflichtung oder überhaupt die Möglichkeit für jeden Einzelnen, eine Krankenversicherung abzuschließen. Wer ohne Kranken- und Unfallversicherung längere Zeit krank ist oder einen schweren Unfall hat, muss sich oft verschulden, um die hohen Krankenhaus- und Arztkosten begleichen zu können!

In vielen Ländern auf der Welt sterben Babys, weil sie nach der Geburt nicht medizinisch versorgt werden können. Andere erkranken und sterben an Krankheiten wie Tuberkulose, Lungenentzündung oder Röteln, die in Europa selten geworden sind. Seit 1990 ist die weltweite durchschnittliche Lebenserwartung um 6 Jahre gestiegen. Aber je nach Land sehen die Zahlen sehr unterschiedlich aus: In Japan werden die Menschen im Durchschnitt 83 Jahre alt. Dagegen liegt die durchschnittliche Lebenserwartung im afrikanischen Staat Malawi bei nur 47 Jahren! Ist das gerecht, dass die Lebenserwartung und die Chance auf eine gute Gesundheitsversorgung davon abhängen, wo man geboren wird?

JAHRHUNDERT-KRANKHEIT AIDS

AIDS (oder HIV) ist eine Krankheit, die vor allem beim Geschlechtsverkehr übertragen wird. Seit Beginn der Epidemie starben etwa 39 Millionen Menschen weltweit. Auch wenn die Vorsorge- und Behandlungsmöglichkeiten immer besser werden, fordert das Virus weiterhin – vor allem in Afrika südlich der Sahara – viele Opfer. Die Behandlung ist sehr teuer und viele Menschen sind nach wie vor nicht genügend informiert über die Krankheit und wie man sich vor ihr schützen kann. In Guatemala etwa wissen laut einer Umfrage fast die Hälfte der reichen jungen Frauen zwischen 15 und 24 Jahren Bescheid über AIDS, bei den jungen Frauen der ärmeren Bevölkerungsschicht sind es nur 5 %. Gesundheit ist oft auch eine Frage der Information, der Bildung!

ACHTUNG, MÜCKEN!

In den Ländern mit der kürzesten Lebenserwartung kommt die Bedrohung oft von winzigen Mücken, die Malaria, Sumpffieber, verbreiten, von dreckigem Wasser, das Durchfall verursacht, vom Holzkohlerauch in den Hütten, der Lungenerkrankungen hervorruft, oder von gefährlichen Viruserkrankungen, gegen die es eigentlich schon Impfstoffe gibt. Vor allem Kinder in den ländlichen Regionen der ärmsten Länder sind nach wie vor gefährdet und sterben, oft bevor sie ihren fünften Geburtstag gefeiert hätten.

EIN DACH ÜBER DEM KOPF

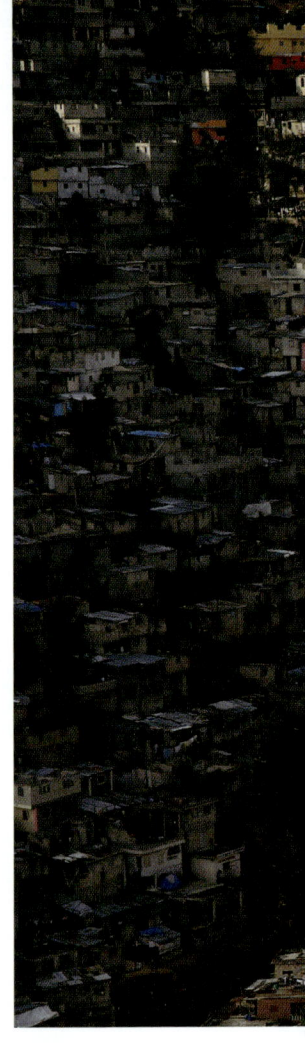

ZUHAUSE IN DER NOTUNTERKUNFT

Viele Menschen auf der Welt leben nicht in einer Unterkunft, die man als Wohnung bezeichnen könnte – in armen, aber auch in reichen Ländern. Allein in Europa gibt es 4,1 Millionen Obdachlose, die das ganze Jahr über in einer improvisierten Behausung oder Notunterkunft wohnen, z. B. einer Hütte, einem Wohnwagen oder Zelt. Diese Menschen haben nicht genügend Geld, um eine noch so bescheidene Miete zu bezahlen. Viele von ihnen können auch nicht auf Unterstützung aus ihrem Umfeld zählen, weil sie sich zu sehr von ihren Familien und Freunden entfernt haben.

In den ärmeren Ländern haust ein Drittel der Bevölkerung in Slums. Das sind insgesamt 860 Millionen Menschen, die unter prekären Verhältnissen leben und weder fließend Wasser noch Strom noch einen Anschluss an die Abwasserkanalisation haben. Aber auch in den reicheren Ländern kennt man Elendsviertel: In Spanien gibt es seit vielen Jahren eine riesige Barackensiedlung am Rande der Hauptstadt Madrid, in der über 8000 Menschen unter menschenunwürdigen Bedingungen wohnen.

FRACCIONAMENTO HACIENDA SOTAVENTO, VORORT VON VERACRUZ, MEXIKO. Nicht alle Stadtrandgebiete sind grau und trist. Hier in Veracruz hat die Farbe gesiegt!

JALOUSIE, EIN SLUM AM RANDE VON PÉTIONVILLE, EINER VORSTADT VON PORT-AU-PRINCE, HAITI. Einige Häuser im Viertel Jalousie, einem Barackenviertel auf Haiti, wurden 2012 in knalligen Farben neu gestrichen. Aber die meisten Häuser haben weiterhin kein fließend Wasser und keinen Stromanschluss. Die Zahl der Slumbewohner auf der Welt nimmt jedes Jahr um 27 Millionen Menschen zu.

Wie kann es zu solchen Elendsvierteln kommen? In vielen Ländern hat die Bevölkerungszahl rapide zugenommen, und zahlreiche Menschen sind auf der Suche nach Arbeit vom Land in die Stadt gezogen. Aber in den Städten gibt es nicht genügend günstige Wohnungen für sie, sodass sie gezwungen sind, sich am Stadtrand in Behelfsunterkünften niederzulassen. Viele Großstädte sind überfordert von der wachsenden Nachfrage nach Wohnraum und von dem damit zusammenhängenden riesigen Bedarf an Abfallentsorgung, Wasseranschlüssen und Energieversorgung.

ENERGIE KANN LEBEN RETTEN

GAR NICHT SO SELBSTVERSTÄNDLICH: STROM AUS DER STECKDOSE

In den Industrieländern bringt uns bereits ein kleiner Stromausfall in Schwierigkeiten: Lampen, Kühlschrank, Tiefkühlschrank, Fernseher, Computer, Telefon ... Nichts funktioniert mehr und wir sitzen ratlos im Dunkeln! Aber für viele Menschen auf der Welt ist das der ganz normale Alltag: Fast 2 Milliarden Menschen haben nie Strom. Nur ein Viertel der afrikanischen Bevölkerung hat einen Stromanschluss – während bei uns im Westen Straßen und Bürohäuser mitten in der Nacht beleuchtet bleiben ... Wer keinen Stromanschluss hat, benutzt zum Kochen Kohle und Holz. In Ländern wie z. B. Nepal oder Madagaskar werden zu diesem Zweck ganze Wälder abgeholzt, was zur Folge hat, dass die erodierten Böden immer unfruchtbarer werden. Der Rauch der Kochfeuer belastet die Luft in den Häusern und führt bei vielen Menschen zu Lungenerkrankungen, einer der Haupttodesursachen in armen Ländern.

Für uns ist Strom eine Frage des Komforts. In anderen Regionen der Welt könnte er die Umwelt schützen, die Gesundheit erhalten und die allgemeinen Lebensbedingungen stark verbessern ...

ENERGIE GIBT ES ÜBERALL, MAN MUSS SIE NUR NUTZEN

Dabei gibt es so viele Möglichkeiten, an Strom zu kommen! Je nach Land und seinen Gegebenheiten könnte man auf verschiedene Energiequellen zurückgreifen: Windkraft, Solarenergie, Erdwärme (Geothermie), die Wasserkraft von Bächen, Flüssen und der Meeresbrandung ... Alle diese natürlichen Energiequellen sind unendlich erneuerbar und produzieren keine Treibhausgase. Im Gegensatz zu

DIE USA, EIN GROSSER ERDÖLFRESSER

Der Erdölverbrauch ist auf der Welt sehr ungleich verteilt: In den USA werden pro Jahr pro Person 25 Barrel Erdöl verbraucht (ein Barrel entspricht rund 159 Litern). In Europa sind es 12 Barrel, in China 2 und in Indien ist es 1 Barrel pro Person.

den fossilen Energien wie Erdöl oder Kohle tragen sie deshalb auch nicht zur Klimaerwärmung bei. Egal wo, jeder Ort auf der Erde hat eine Energiequelle, die lokal verfügbar ist – so könnte man zum Beispiel in Afrika intensiv Solarenergie und geothermische Energie gewinnen, in Küstenländern könnten mehr Meeresströmungskraftwerke gebaut werden. Jedes Land muss nur für sich die Quellen nutzen, die die Natur ihm zur Verfügung stellt.

OHNE WASSER
GEHT NICHTS

WASSER IST KOSTBAR

Was würden wir tun, wenn aus dem Wasserhahn kein Wasser mehr käme? Kein Trinkwasser mehr, kein Wasser zum Kochen, zum Waschen, für die Toilettenspülung – außer man holte es sich jeden Morgen mit einem Eimer? Anderswo ist das ganz normal: In Afrika und Asien legen die Frauen im Schnitt 6 Kilometer am Tag zu Fuß zurück, um Wasser zu holen! Wir hingegen sind daran gewöhnt, dass Wasser aus dem Hahn fließt, deshalb verschwenden wir es unbesorgt. Dabei ist Wasser eine sehr kostbare Ressource: Kein Lebewesen kann lange ohne Wasser überleben. Auf der Erde ist das Vorkommen begrenzt. Unser Wasser befindet sich in einem ewigen Kreislauf: Es fällt als Regen auf die Erde, sammelt sich dort als Grundwasser, um über die Flüsse in die Ozeane zu gelangen und von dort aus als Wasserdampf wieder in den Himmel aufzusteigen, sich zu Wolken zu ballen und wieder als Regen auf die Erde zu fallen ... Das Wasser in diesem Kreislauf ist immer das gleiche und es gibt nicht mehr und nicht weniger Wasser auf der Erde als zu Zeiten der Steinzeitmenschen! Aber die Menschen, die sich das Wasser teilen müssen und die es verschmutzen, sind mehr geworden ...

TRINKWASSER FÜR INDIEN!

Rujul Zaparde, ein junger Amerikaner, hat sich persönlich dafür eingesetzt, das Leben von hunderttausend Indern zu verändern. „Als ich 2007, im Alter von 13 Jahren, meine Familie in Indien besuchte, haben wir Paras besichtigt, ein Dorf auf dem Land. Dort hatten die Dorfbewohner keinen Zugang zu Trinkwasser und die Frauen mussten täglich mehrere Kilometer laufen, um Wasser zu holen, das noch nicht mal sauber war! Ich fand das schrecklich ungerecht, denn jeder Mensch sollte das Recht auf Wasser haben. Zurück in den USA haben wir alles Mögliche gemacht: Kuchen verkauft, Autos gewaschen, Spenden gesammelt ... Innerhalb von acht Monaten hatten wir 800 Euro zusammen und konnten einen Brunnen bauen: Dann gab es Wasser in Paras! Wir haben den Verein „Drinking Water for India" gegründet und Schüler aus 33 Schulen in den USA motiviert, Spendengelder für den Bau weiterer Brunnen zu sammeln. Bis heute haben wir 56 Brunnen bauen können."

GERECHT TEILEN: WASSER FÜR 7 MILLIARDEN MENSCHEN

Jeder Mensch sollte eine Mindestmenge an Trinkwasser zur Verfügung haben und in einer sauberen und gesunden Umgebung leben dürfen, wo das Wasser dank Kanalisation und Kläranlagen wiederaufbereitet werden kann.

In den armen Regionen dieser Erde kann man nicht einfach eine Pumpe in den Fluss stellen, um an Wasser zu kommen, da die Gewässer meist durch Industrie und eine wachsende Bevölkerung stark verunreinigt weden. Außerdem sind viele Flüsse nur noch Rinnsale, weil der Wasserstand aufgrund der Klimabedingungen stark zurückgegangen ist oder das Wasser unkontrolliert für die Landwirtschaft abgezapft wird ... Die Erfolge der letzten Jahre sind ermutigend, denn die Welt hat bereits große Fortschritte gemacht! Heute leben nur noch 11 % der Weltbevölkerung ohne Zugang zu Trinkwasser, das sind ungefähr 800 Millionen Menschen. Immer noch viel zu viele, werdet Ihr sagen, aber vor 20 Jahren waren es noch doppelt so viele, fast ein Viertel der Menschheit!

Besonders einige Länder in Asien können beeindruckende Fortschritte vorweisen. So verfügten vor 20 Jahren nur 58% der Menschen in Vietnam über Trinkwasser. Heute sind es 96%!

WASSERBRUNNEN EINES DORFES BEI BOR IM STAATE JONGLEI, SÜDSUDAN.

An diesem Brunnen steht man Schlange. Alle haben ordentlich ihre Wasserkanister aufgereiht und warten darauf, dass sie an die Reihe kommen. Für den Weg bis zum Brunnen, das Schlangestehen und das Auffüllen seines Kanisters braucht man jeden Tag mehrere Stunden. Das ist deutlich mehr Aufwand, als einfach nur den Wasserhahn aufzudrehen ...

Auf der Erdoberfläche ist das Wasser sehr ungleichmäßig verteilt: In Wüstengegenden gibt es kein Wasser, andere Regionen sind mit viel Wasser gesegnet.

MEHR

> Ich möchte mein Haus nicht von Mauern umgeben und die Fenster verriegelt wissen. Ich will, dass die Kulturen aller Länder mein Haus so frei wie möglich umwehen, ohne dass sie es forttragen.
>
> MAHATMA GANDHI (1869–1948)

TOLERANZ

WASSERSPIELE IM CATAÑO-VIERTEL IN SAN JUAN, PUERTO RICO. Puerto Rico ist ein Inselstaat in der Karibik mit feuchtwarmem Klima. In der Hauptstadt San Juan verschaffen sich die Bewohner eine Erfrischung, indem sie die Hydranten öffnen.

TOLERANZ IST NICHT SELBST-VERSTÄNDLICH

UNTERSCHIEDE AKZEPTIEREN

Man kann auf unterschiedliche Weisen ausgegrenzt werden: weil man arm ist, ohne Arbeit, weil man nicht lesen und schreiben kann, aus einem anderen Land kommt, eine andere Religion oder Hautfarbe hat, weil man einer anderen Ethnie angehört, eine Frau ist, weil man eine Behinderung hat, homosexuell ist oder weil man anders lebt.

Es ist nicht leicht, die Andersartigkeit der anderen als eine Bereicherung für sich und die Gesellschaft zu sehen. Die Angst vor dem Anderen, weil er nicht so ist wie ich, nicht das Gleiche isst oder anders betet, ist oft stärker. Und dieser merkwürdige, unbekannte Andere wird ohne Grund zur Bedrohung. In der Folge muss man ihn aus-

TOLERANZ

bedeutet Respekt, Akzeptanz und Anerkennung der Kulturen unserer Welt, unserer Ausdrucksformen und Gestaltungsweisen unseres Menschseins in all ihrem Reichtum und ihrer Vielfalt. Gefördert wird sie durch Wissen, Offenheit, Kommunikation und durch Freiheit des Denkens, der Gewissensentscheidung und des Glaubens. (...)

Toleranz ist nicht gleichbedeutend mit Nachgeben, Herablassung oder Nachsicht. Toleranz ist vor allem eine aktive Einstellung, die sich stützt auf die Anerkennung der allgemeingültigen Menschenrechte und Grundfreiheiten anderer. Keinesfalls darf sie dazu missbraucht werden, irgendwelche Einschränkungen dieser Grundwerte zu rechtfertigen. Toleranz muss geübt werden von Einzelnen, von Gruppen und von Staaten.

Auszug aus der Erklärung von Prinzipien der Toleranz,
28. Generalkonferenz der Vereinten Nationen in Paris, 1995

schließen, überwachen, kontrollieren, vielleicht einsperren, zu sich nach Hause zurückschicken oder sogar vernichten. Für den Anderen ist es schmerzhaft, zurückgewiesen, ausgegrenzt und verurteilt zu werden.

Tolerant zu sein erfordert von uns eine gewisse Anstrengung. Es ist nicht gleichbedeutend mit der Einstellung: „Jeder ist frei, das zu tun, was er möchte, wo er möchte und wie er möchte. Das geht mich nichts an!" Miteinander leben bedeutet nie, dass jeder für sich lebt. Das wäre nicht lange durchhaltbar und würde schnell dazu führen, dass der Stärkere das Sagen hat. Miteinander leben bedeutet, dass wir uns gegenseitig achten, im gemeinschaftlichen Respekt der Rechte und Pflichten, der Regeln und Gesetze, die für alle gleich sind.

AM FERIENORT ESTARTIT AN DER SPANISCHEN COSTA BRAVA MÜNDET DER FLUSS TER INS MITTELMEER. Hier treffen Süß- und Salzwasser aufeinander und vermischen sich. Wenn sich in einer multikulturellen Gesellschaft Menschen verschiedener Kulturen, Völker, sozialer Milieus oder Generationen mischen, erfahren die Beteiligten, wie befriedigend es ist, sich für die anderen zu öffnen.

SCHRITT FÜR SCHRITT TOLERANZ LERNEN

DEN ANDEREN KENNENLERNEN

„Die" nehmen uns die Arbeit weg! „Die" nisten sich zu zehnt in einer Sozialwohnung ein und wollen auch noch Geld! „Die" haben doch keine Kultur! „Die" heiraten nur, um hierbleiben zu können!

„Die"? Aber wer sind „die" denn? Die Nachbarn, die Ausländer, die Schwarzen, die Weißen, die Araber, die Flüchtlinge ... So über Gruppen von Frauen und Männern zu sprechen, ohne sich darum zu kümmern, dass diese Menschen Individuen mit einer persönlichen Geschichte sind, bedeutet, sie auf eine anonyme, gesichtslose Masse zu reduzieren.

Wie wir uns anderen gegenüber verhalten, hängt davon ab, was für ein Bild wir uns von ihnen machen. Wenn wir unfähig sind, den anderen als gleichwertig anzusehen und uns an seine Stelle zu versetzen, können wir ihn weder verstehen noch eine gleichberechtigte Beziehung zu ihm haben.

Eine Kultur lebt davon, dass sie durch unterschiedliche Lebensweisen, Kochgewohnheiten, Musikstile und Sprachen der Einwanderer bereichert wird. Viele Wörter in der deutschen Sprache zeugen davon, dass unsere Gesellschaft immer wieder Zuwanderer aufgenommen hat: Gitarre, Kaffee, Sofa und Zucker sind Lehnwörter aus dem Arabischen; Bluse, Pantoffel, Tante sind Wörter französischen Ursprungs; Alarm, Marzipan und Spaß kommen aus dem Italienischen.

DIE BASILIKA SACRÉ-CŒUR AUF DEM MONTMARTRE, PARIS. Paris, die Haupstadt Frankreichs, ist stolz auf seine multikulturelle Geschichte. Seine Bewohner sind sich aber auch bewusst, dass eine Gesellschaft der vielen Kulturen von allen Toleranz erfordert.

Schwarz bin ich erst geworden, als ich nach Paris kam. Bis meine Spiel- und Klassenkameraden mich so nannten, hatte ich mir darüber nie Gedanken gemacht.

LILIAN THURAM (*1972)

SICH FÜR DIE ANDEREN ÖFFNEN

EIN BISSCHEN MEHR TOLERANZ, BITTE!

Tolerant zu sein bedeutet nicht dem Anderen gegenüber gleichgültig zu sein. Tolerant zu sein erfordert, dass ich eine Verbindung mit dem anderen eingehe – z. B. indem ich Sympathie für ihn empfinde oder Mitgefühl. Sympathie ist eher ein spontanes und oft gegenseitiges Gefühl. Man hat den Eindruck, dass man auf derselben Wellenlänge liegt. Wenn wir jemand sympathisch finden, kostet es uns keine besondere Anstrengung, der Person gegenüber achtsam zu sein und zu wünschen, dass es ihr gut gehen möge. Mitgefühl fordert uns stärker. Wer mitfühlt, ist vom Schicksal eines anderen betroffen. Der Mitfühlende „entwickelt ein Bewusstsein für die Leiden des anderen, er wünscht, dass sie heilen mögen, und ist bereit, selbst dazu beizutragen." So definiert es der buddhistische Mönch Paul Ricard. Seine Stiftung Karuna-Shechen engagiert sich für Bedürftige in Nepal, Indien und Tibet.

OHNE ANGST LEBEN DÜRFEN: HOMOSEXUALITÄT

Homosexuell zu sein bedeutet, eine Liebesbeziehung zu einer Person zu haben, die das gleiche Geschlecht hat wie man selbst. Die Beziehung zwischen zwei Frauen nennt man auch lesbisch. Wer hingegen heterosexuell ist, hat eine Liebesbeziehung zu einer Person des anderen Geschlechts.

In den letzten Jahren hat sich der Blick der Gesellschaft auf die Homosexualität zwar verändert, aber die Betroffenen werden weiterhin Opfer von Ablehnung und Diskriminierung. Homosexuelle Menschen müssen die schiefen Blicke der anderen ertragen: So ist es nicht leicht, der Familie zu verkünden, dass man als Mann einen anderen Mann liebt. Und es ist schwierig Arbeit zu finden, wenn einem nur „Frauenjobs" angeboten werden, weil man schwul ist, oder „Männerjobs", weil man lesbisch ist. Viele Homosexuelle

In Kriegszeiten sind Frauen besonders gefährdet: Sie werden oft Opfer von Gewalt und entführt, um als Sklavinnen zu dienen. Deshalb begeben sich viele von ihnen auf die Flucht, trotz ihrer kleinen Kinder und obwohl sie wissen, dass es sie das Leben kosten kann.

Sich um andere kümmern,
ihre Probleme teilen, Mitgefühl zeigen –
das ist die Grundlage eines erfüllten Lebens,
für sich selbst, die eigene Familie
und die ganze Menschheit.

DALAI LAMA (*1935)

haben sogar Schwierigkeiten, eine Wohnung zu finden. Deshalb verbergen viele ihre sexuellen Neigungen. Die Feindseligkeit gegenüber Homosexuellen, die Homophobie, beginnt mit diskriminierenden Witzen und Andeutungen, aber sie kann sich auch weiterreichend äußern in Form von Erniedrigungen, Beleidigungen und sogar körperlicher Gewalt.

MIGRANTEN: MÄNNER, FRAUEN UND KINDER WIE WIR

Die Menschen, die täglich auf überladenen und maroden Booten aus Syrien, Libyen und Afrika über das Mittelmeer zu uns kommen, tun dies nicht zum Vergnügen. Sie würden sicherlich lieber an der Entwicklung ihres eigenen Landes mitwirken. Aber das ist nicht möglich, weil ihr Land vom Krieg erschüttert ist, weil dort gefoltert wird und noch nicht einmal die elementaren Menschenrechte respektiert werden. Viele müssen auch flüchten, weil Naturkatastrophen ihre Heimat zerstört haben und es dort keine Hoffnung mehr auf Zukunft gibt.

Selbst die Angst zu sterben, in Lagern eingesperrt und zur Grenze zurückgebracht zu werden, kann sie nicht von ihrer Flucht abhalten: Diese Männer, Frauen und Kinder kämpfen mit der Kraft der Verzweiflung darum, eine neue Heimat zu finden. Und davon wird sie keine Festung, keine Mauer, die Europa um sich herum aufrichten könnte, abhalten – trotz der erniedrigenden und entwürdigenden Lebensbedingungen, die diese Menschen an den Grenzen vorfinden.

HINDUISTISCHE PILGER BEIM FEST „KUMBH MELA" AUF DEM GANGES, ALLAHABAHD, INDIEN. Kumbh Mela heißt „Fest des Kruges" und ist das größte religiöse Fest der hinduistischen Gläubigen auf der Welt. Bei dem Fest, das einmal alle 12 Jahre stattfindet, kommen rund 100 Millionen Pilger aus ganz Indien zusammen, um im Ganges zu baden – die weltweit größte Menschenansammlung überhaupt.

AUFEINANDER ZUGEHEN

RELIGIONEN FÜR FRIEDEN UND TOLERANZ

Einander zuhören und miteinander reden ist eine der Grundvor-
aussetzungen für ein tolerantes Zusammenleben in Frieden. Gerade
zwischen den Anhängern verschiedener Religionen kommt es aber
oft zu Streit und Gewalt, weil man einander nicht toleriert. So gibt

es extremistische religiöse Vertreter, die ihre Anhänger dazu aufrufen, die anderen Religionen zu hassen und zu vernichten. Das passiert leider in allen Teilen der Welt. Zum Glück überwiegen aber die religiösen Stimmen auf der Welt, die zum Dialog und zur Toleranz aufrufen.

RELIGIONEN IM DIALOG

So setzt sich zum Beispiel die indische Vereinigung „Bind" (Bangalore Initiative for Religious Dialogue) seit 2001 für interreligiöse Treffen zwischen den hinduistischen, christlichen und muslimischen Gemeinschaften ein, um sich zusammen für den Frieden und den Respekt aller Glaubensrichtungen starkzumachen. Kaum ein anderes Land dieser Erde beherbergt mehr unterschiedliche Religionen und Sekten als Indien.

Auch in Israel gibt es viele Beispiele von Vereinen und Einzelpersonen, die sich dafür einsetzen, dass die Religionen aufeinander zugehen, anstatt sich zu bekriegen. Mohammed S. Dajani Daoudi ist einer, der Mut macht: Der Professor für Politikwissenschaften und Direktor des Instituts für Amerikastudien an der Universität al-Qods in Jerusalem hat 2007 einen Verein gegründet, der sich im Namen des Islams für den Friedensdialog zwischen Muslimen und Juden engagiert. „Wasatia" heißt sein Verein – ein Begriff aus dem Koran, der so viel bedeutet wie "Der gemäßigte Weg". Mäßigkeit zählt zu den Grundwerten wie Frieden, Barmherzigkeit, Toleranz und Versöhnung, die der muslimische, christliche und jüdische Glau-

EINE MUTIGE FRAU

Schmerzen und Leiden ... Latifa Ibn Ziaten, eine Französin marokkanischer Abstammung, hat sie am eigenen Leib erlebt. Ihr Sohn Imad, Hauptfeldwebel in der französischen Armee, wurde am 11. März 2012 von dem Terroristen Mohammed Merah in Toulouse erschossen. Imad war 30 Jahre alt. Mohammed Merah tötete an diesem Tag auch einen Rabbi und drei kleine Kinder.

Seit diesem Tag hat Latifa Ibn Ziaten nur noch ein Ziel: Gegen Vorurteile anzukämpfen und zu zeigen, dass man ohne Hass zusammenleben kann. In Schulen und Gefängnissen sucht sie den Dialog mit benachteiligten Jugendlichen, um ihnen zu zeigen, wohin religiöser Extremismus führt. 2012 hat sie den Verein Imad Ibn Ziaten für die Jugend und für den Frieden gegründet.

Auf dieser Luftaufnahme sieht man eine Schafherde, die der Schäfer so aufgestellt hat, dass man das Wort „Allah" liest. Alle Religionen verurteilen die Gewalt von Extremisten. Aber damit Frieden und Toleranz eine Chance haben, müssen die Vertreter der Religionen deutlicher Position beziehen und sich öffentlich dazu bekennen, dass sie einander respektieren.

> *Ist der Gott der Muslime ein anderer als der Gott der Hindus? Religionen sind wie verschiedene Straßen, die alle zum selben Ziel führen. Was macht es schon aus, dass wir unterschiedliche Wege einschlagen, wenn wir doch dasselbe Ziel erreichen? Was für einen Grund haben wir also, uns zu streiten?*
>
> MAHATMA GANDHI (1869-1948)

ben teilen. Wasatia hat den Aufbau einer toleranten Gesellschaft zum Ziel, in der Meinungs- und Religionsfreiheit, Chancengleichheit und Gerechtigkeit für alle gelten und jeder Einzelne respektiert und anerkannt wird.

DIE MACHT DER FRAUEN

CHANCENGLEICHHEIT: IMMER NOCH EIN FERNES ZIEL

Die Gleichberechtigung von Frauen und Männern ist auf der Welt noch lange nicht erreicht. Manche Ungleichheiten oder Diskriminierungen sind sogar in den Gesetzestexten einiger Länder festgehalten und werden unter Berufung auf kulturelle oder religiöse Gründe angewendet: So ist es den Frauen in manchen Ländern verboten, sich scheiden zu lassen, die Versorgung ihrer Kinder zu übernehmen, zu erben, zu wählen, Grund und Boden zu besitzen oder vor Gericht zu gehen, wenn sie Opfer von Gewalt werden.

Auch die Praxis der Zwangsheirat zeigt, dass Frauen nicht die gleichen Chancen haben wie Männer: Laut einem Bericht von Unicef (2014) wurden 700 Millionen der heute lebenden Frauen als Minderjährige verheiratet, 250 Millionen waren sogar jünger als 15. Die Verteidiger der Frauenrechte prangern dies an.

Aber in vielen Ländern wird den Frauen noch viel mehr verwehrt: Sie dürfen weder zur Schule gehen, noch einen Beruf erlernen oder einen Sport ausüben. Manche Frauen dürfen ihr Haus nicht ohne Begleitung verlassen, nicht die Kleider ihrer Wahl tragen, sich nicht außerhalb des Hauses schminken, nicht Auto fahren und sich nicht von einem Arzt versorgen und helfen lassen, auch nicht bei der Geburt ihrer Kinder.

FRAUEN SCHNEIDEN PAPYRUS NAHE DER STADT BOR, IM BUNDESSTAAT JONGLEI, SÜDSUDAN. Viele Menschen im Sudan leben vom Anbau der Papyruspflanze, die in den Sumpfregionen des Landes wächst und hauptsächlich von Frauen geerntet wird. Auch anderswo arbeiten mehrheitlich die Frauen in der Landwirtschaft – zu Löhnen, die wesentlich unter denen der Männer liegen und unter oftmals viel schlechteren Bedingungen. Es gibt noch viel zu tun, bis man weltweit von Chancengleichheit sprechen kann!

Nachdem ich die Lage der Frauen zu verschiedenen Zeiten und in verschiedenen Ländern studiert habe, bin ich zu dem Schluss gekommen, dass wir besser daran täten, sie nicht mit ‚Guten Tag' zu begrüßen, sondern sie um Entschuldigung zu bitten.

ALFRED DE VIGNY (1797–1863)

FRAUEN WERDEN DISKRIMINIERT

Man handelt diskriminierend, wenn man eine einzelne Person oder eine Gruppe von den anderen unterscheidet und sie anders behandelt als den Rest der Gemeinschaft. Bei der Arbeit gibt es verschiedene Weisen, jemanden zu diskriminieren: zum Beispiel, wenn eine Frau ein niedrigeres Gehalt erhält als ein Mann, obwohl sie genau den gleichen Job ausübt. Diskriminierend sind auch sexistische Bemerkungen oder wenn man an seinem Arbeitsplatz sexuell belästigt wird.

FRAUEN KÄMPFEN FÜR IHRE RECHTE

Überall auf der Welt setzen sich Frauen für mehr Unabhängigkeit und Selbstbestimmtheit ein. Dafür kämpfen sie oder suchen erfinderisch nach Lösungen. Frauen engagieren sich politisch, sie wirken für den Frieden in Kriegsgebieten und kämpfen mit friedlichen Mitteln dafür, dass ihre Rechte und die aller Menschen respektiert werden. Dafür begeben sie sich oft in Gefahr. Im Iran wurde die Anwältin Nasrin Sotoudeh verhaftet, weil sie sich aktiv für Menschenrechte einsetzte. Sie verbrachte vier Jahre im Gefängnis, bis der Druck verschiedener NGOs und der internationalen Öffentlichkeit so groß wurde, dass die iranische Regierung sie freilassen musste. Auch in Afrika gibt es zahlreiche Beispiele, wie Frauen sich für bessere Lebensbedingungen einsetzen. So haben sich viele zu Vereinigungen zusammengeschlossen, um als Kleinbäuerinnen und Händlerinnen im Fair Trade-Netzwerk zu arbeiten – zum Beispiel, um wie im Mali Sheabutter zu verkaufen. Andere kümmern sich um die Betreuung der Aids-Kranken und ihrer Angehörigen. Einen wichtigen Beitrag zur Entwicklung des Landes und zur Verbesserung der Lebensbedingungen leisten auch all die Frauen, die an Aufklärungskampagnen mitwirken. Sie klären die Bevölkerung darüber auf, wie sich das gefährliche HIV-Virus überträgt, wie das

WASCHTAG AUF EINEM HAUSDACH IN BAHAWALPUR, PENDJAB, PAKISTAN. Auch wenn heute einige Pakistanerinnen eine herausragende Stellung in der Politik und Wirtschaft ihrs Landes haben, sind die Lebensbedingungen vieler Frauen in Pakistan weiterhin sehr schwierig.

Einhalten einiger Hygieneregeln eine bessere Gesundheit garantiert und wie notwendig es für eine bessere Zukunft ist, dass auch Mädchen zur Schule gehen dürfen.

EIN RECHT AUF BILDUNG – AUCH FÜR FRAUEN

PREISTRÄGERIN FÜR DEN FRIEDEN

Die Pakistanerin Malala Yousafzai ist die jüngste Preisträgerin in der Geschichte des Friedensnobelpreises. Sie war 17 Jahre alt, als sie 2014 damit ausgezeichnet wurde, in Anerkennung ihres Einsatzes für die Frauenrechte und insbesondere für das Recht aller Mädchen auf Bildung. „Ich bin ziemlich sicher, dass ich auch die erste Empfängerin des Friedensnobelpreises bin, die immer noch mit ihren jüngeren Brüdern streitet", scherzte Yousafzai. „Ich will, dass überall Frieden ist, aber meine Brüder und ich arbeiten noch daran." Die mit rund acht Millionen schwedischen Kronen (rund 860.000 Euro) dotierte Auszeichnung bekam die junge Frau gemeinsam mit dem Inder Kailash Satyarthi. Er setzt sich in seiner Heimat gegen Kinderarbeit ein. „Es gibt keine größere Gewalt, als unseren Kindern ihre Träume zu verwehren", sagte Satyarthi in seiner Rede. Satyarthi und Yousafzai seien genau die Menschen, die Alfred Nobel in seinem Letzten Willen „Friedenschampions" nenne, erklärte die Nobelpreis-Jury. Bewusst gehe der diesjährige Preis an einen älteren Mann und ein junges Mädchen, einen Inder und eine Pakistani, einen Hindu und eine Muslimin. Über Yousafzai sagte die Jury: „Ihr Mut ist nahezu unbeschreiblich." Die 17-Jährige selbst erklärte in ihrer berührenden Rede: „Mir ist aufgefallen, dass Menschen mich ganz unterschiedlich beschreiben." Manche nennen sie „das Mädchen, das von den Taliban angeschossen wurde", andere nun Nobelpreisträgerin. „Soweit ich weiß, bin ich einfach nur eine engagierte und sture Person, die eine gute

EIN BESONDERER STERN

Viele Himmelskörper haben nur Ziffern als Namen, aber der Asteroid 316201 trägt den wohlklingenden Namen Malala. Das verdankt er seiner Entdeckerin, der amerikanischen Astronomin Amy Mainzer. Als sie 2015 den Asteroiden entdeckte, nannte sie ihn so, um den Einsatz von Malala Yousafzai für die Bildung der Frauen zu würdigen. Wissenschaft sollte für alle zugänglich sein, diese Meinung vertritt die Forscherin bei der NASA.

> *Die Extremisten haben Angst vor Büchern und Stiften. Die Macht der Bildung erschreckt sie.*
>
> MALALA YOUSAFZAI (*1998)

Ausbildung für alle Kinder, gleiche Rechte für Frauen und Frieden in jeder Ecke der Welt sehen will."

Malala hatte bereits mit 11 Jahren begonnen, sich für Aufklärung durch Bildung zu engagieren. Das ist nicht ungefährlich in einem Land, in dem die Taliban ganze Regionen beherrschen und genau das Gegenteil erzielen wollen: dass möglichst keine Frau etwas lernt, sondern dem Mann zu Hause dient. Die pakistanischen Taliban schrecken auch nicht davor zurück, Schulen in Brand zu setzen und ihre Gegner zu töten. Am 9. Oktober 2012 schießt einer der ihren auf Malala, als sie das Schulgebäude verlässt. Die Fünfzehnjährige wird schwer am Kopf verletzt und bald darauf nach England gebracht, um dort behandelt zu werden. Der Anschlag, der von dem pakistanischen Präsidenten und der Regierung verurteilt wird, erregt große Aufmerksamkeit in den internationalen Medien. Und Malala wird nach ihrer Gesundung zu einer international bekannten Vertreterin des Rechts aller Mädchen auf Bildung.

AUSZUG AUS MALALAS REDE ANLÄSSLICH DER VERLEIHUNG DES FRIEDENSNOBELPREISES

„Diese Auszeichnung ist nicht nur für mich. Sie ist für all die vergessenen Kinder, die gern zur Schule gehen würden. Sie ist für die verängstigten Kinder, die vom Frieden träumen. Sie ist für die Kinder ohne Stimme, die sich wünschen, dass die Dinge sich ändern. Ich stehe hier, um ihre Rechte zu verteidigen, um ihre Stimme zu erheben. Es ist Zeit zu handeln, nicht um Mitleid mit ihnen zu haben. Es ist Zeit zu reagieren, damit wir nicht mehr ein einziges Kind sehen müssen, dem die Schulbildung vorenthalten wird.

(...) Ich bin nicht nur eine Stimme. Ich bin viele Stimmen. Ich bin Malala, aber ich bin auch Shazia. Ich bin Kainat Riaz. Ich bin Kainat Somro. Ich bin Mezon. Ich bin Amina. Ich bin jene 66 Millionen Mädchen, die keine Bildung erhalten, und heute erhebe ich nicht meine Stimme, sondern die dieser 66 Millionen Mädchen."

RIESIGER BRONZE-BUDDHA IM TEMPEL VON BEOPJUSA, NATIONALPARK SONGNISAN, SÜDKOREA. Der Buddhismus bezieht sich auf die Lehre des indischen Religionsstifters Siddhartha Gautama, der den Ehrennamen „Buddha" erhielt. Er vertritt als Lebensprinzipien die Achtsamkeit und das Mitgefühl für alle Lebewesen. Der Buddhismus hat zwischen 230 und 500 Millionen Anhänger und ist die viertgrößte Religion der Welt.

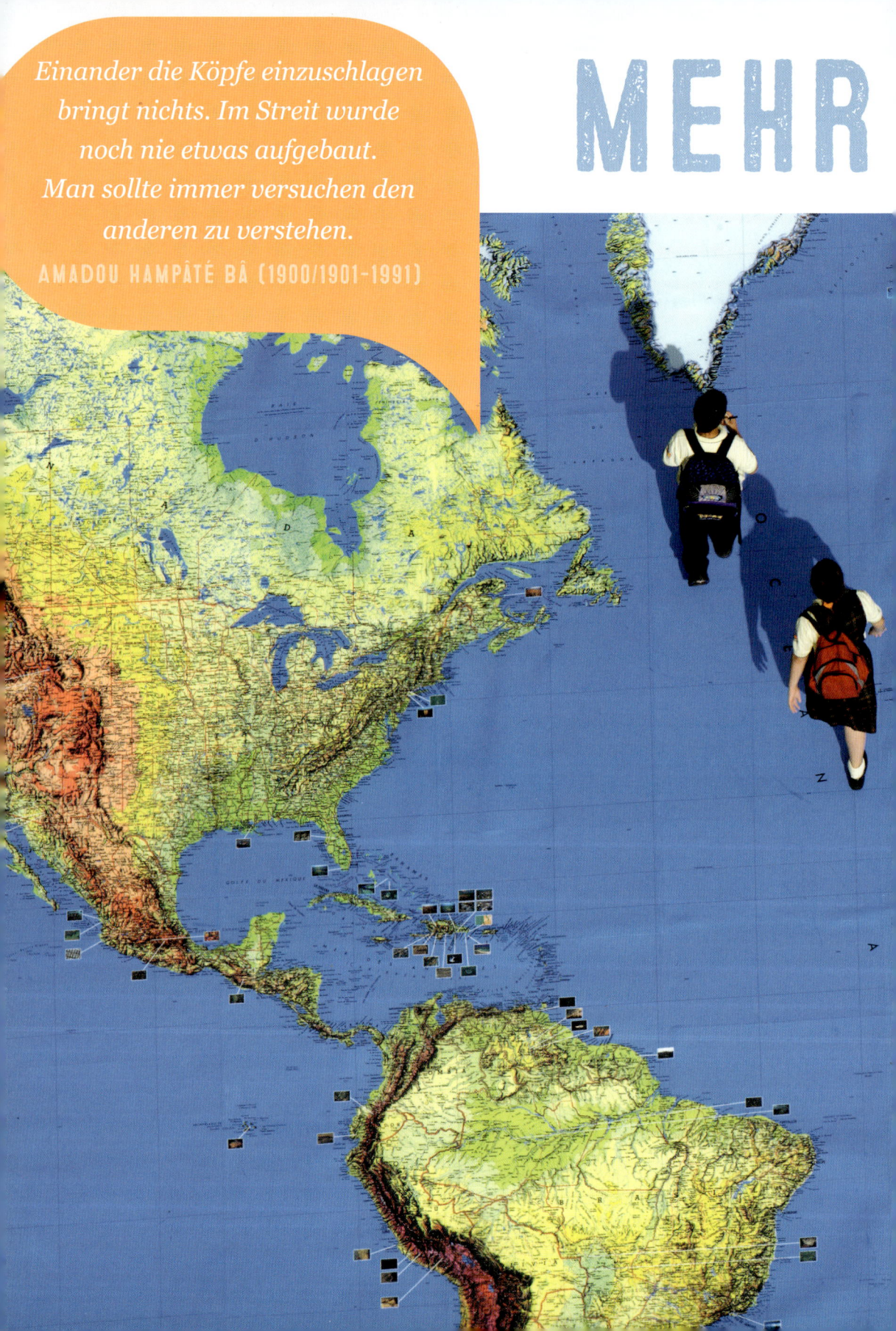

MEHR

> *Einander die Köpfe einzuschlagen bringt nichts. Im Streit wurde noch nie etwas aufgebaut. Man sollte immer versuchen den anderen zu verstehen.*
>
> AMADOU HAMPÂTÉ BÂ (1900/1901–1991)

FRIEDEN

RIESIGE WELTKARTE IM RAHMEN DER AUSSTELLUNG „DIE ERDE VON OBEN" AUF DER PLAZA SANTIAGO R. PALMER, 2007, CAGUAS, PUERTO RICO. Frieden erreicht man, indem man den Menschen Zugang zu Bildung ermöglicht. Denn jedes Kind trägt die Hoffnung auf eine bessere Welt in sich.

DER WEG ZUM FRIEDEN

DAS JA ZUM FRIEDEN IST DER GRÖSSTE KAMPF VON ALLEN

Jeden Tag müssen Tausende von Menschen ihre Heimat wegen Anschlägen, bewaffneten Konflikten und Kriegen verlassen. Viele von ihnen suchen in Flüchtlingslagern Zuflucht und etwas Sicherheit, andere machen sich auf die Suche nach einer besseren Existenz und setzen dabei häufig ihr Leben aufs Spiel. Sollte der Friede unmöglich sein? Kann man denn gegen die Gewalt nichts machen? Ist das Recht des Stärkeren das einzige gültige Recht?

Und die Kriege, die ganze Staaten zerstören – könnte man sie vermeiden, wenn die Lebensbedingungen dort für alle akzeptabel wären? Aber wie lässt es sich in Frieden leben, wenn die Rivalitäten, Hassreden und die Intoleranz die Gemeinschaften gegeneinander aufbringen?

Wir können alle etwas dafür tun, dass Konflikte nicht in unsere Schulen, Familien und Städte getragen werden. Das erfordert von jedem Einzelnen die Bereitschaft, in Wohlwollen mit den anderen zusammenzuleben, ohne ihnen zu misstrauen und ohne sie herabzusetzen. Trotz all der Kriege und gewalttätigen Spannungen in vielen Ländern der Welt gibt es viele Männer, Frauen, Jugendliche und Kinder, die sich für den Frieden in einer gerechteren Welt einsetzen.

DIE STIMME DER HOFFNUNG

Martin Luther King (1929–1968) war ein schwarzer Pastor und Bürgerrechtler, der sich für die Gleichberechtigung der Schwarzen in Nordamerika einsetzte. Er rief alle Amerikaner dazu auf, Schwarze und Weiße, frei und friedlich, in Brüderlichkeit zusammenzuleben. Martin Luther King kämpfte gewaltfrei gegen den Rassismus, für die Rechte und die Freiheit der nordamerikanischen Schwarzen. Er erhielt 1964 den Friedensnobelpreis.

»FRIEDENSPLANE«, INSTALLATION 2006 IN JERUSALEM, ISRAEL. Diese riesige Plane wurde von der Künstlerin Clara Halter an einem Felsen vor Jerusalem befestigt, nachdem sie auf ihr von Hand in 10 verschiedenen Sprachen das Wort „Frieden" geschrieben hatte. Jerusalem ist die Hauptstadt Israels und seit Jahrzehnten Schauplatz des israelisch–palästinensischen Konflikts.

ICH HABE EINEN TRAUM

Ich habe einen Traum: Dass eines Tages in den roten Hügeln von Georgia die Söhne früherer Sklaven und die Söhne früherer Sklavenhalter zusammensitzen werden am Tische der Brüderlichkeit.

Ich habe einen Traum, dass meine vier kleinen Kinder eines Tages in einer Nation leben werden, in der man sie nicht nach ihrer Hautfarbe, sondern nach ihrem Charakter beurteilt. Ich habe heute einen Traum.

Ich habe einen Traum, dass eines Tages selbst unten in Alabama, mit seinen bösartigen Rassisten (...), schwarze Jungen und Mädchen und weiße Jungen und Mädchen sich die Hand reichen werden wie Brüder und Schwestern. Ich habe heute einen Traum ...

Auszug aus der Rede Martin Luther Kings anlässlich des Marsches für Arbeit und Freiheit am 28. August 1963 in Washington, DC.

GEWALT IST NICHT NATURGEGEBEN

EIN ZWEISCHNEIDIGES »SCHWERT«?

Mit der Sprache können wir nicht nur die Dinge benennen. Sie ist auch ein großartiges Werkzeug, um sich mitzuteilen, sich zu verständigen und sich auszutauschen. Aber Worte können auch verletzen wie Schläge. Beleidigungen, Verhöhnungen, gemeine Spitznamen oder Drohungen haben schlimme Folgen. Wer täglich Opfer von verbaler Gewalt wird, fühlt sich zurückgewiesen, ausgeschlossen, minderwertig und verliert sein Selbstvertrauen. Gewalt durch Worte in der Familie, in der Klasse, auf Facebook: Jeder sollte sich gegen Beschimpfungen und Beleidigungen wehren. Denn jegliche zwischenmenschliche Beziehung beruht darauf, dass wir dem anderen nicht antun, was wir selbst nicht erleben wollen.

DIE SPRACHE DES HERZENS

Worte können Fenster sein oder Mauern. Sie können einen Dialog einleiten oder verletzen und ausschließen. Wenn jemandem die Worte fehlen, um seine Gefühle, seine Enttäuschungen, seine Angst, Wut und vor allem seine Verletzungen auszudrücken, führt das häufig zu Gewalt. Und wie soll man von seinen Leiden heilen, wenn man sie nicht ausdrücken kann?

Ein amerikanischer Psychologe, Marshall Rosenberg, bemerkte vor einigen Jahren, dass eine echte Kommunikation verhindert wird,

> *Gewalt ist nie eine abstrakte Handlung, sondern geschieht immer innerhalb einer Beziehung.*
> YVES MICHAUD (*1944)

Manchen Jugendlichen ist es möglich, sich durch Streetart künstlerisch auszudrücken und ihre Gewalterfahrungen so zu verarbeiten.

wenn wir jemanden von vornherein abstempeln und ihn aburtei-
len. Er schlug vor, die eigene Einstellung zu überdenken, indem man
mit der „Sprache des Herzens" spricht und sich so auf einen Dialog
und eine Verständigung einlässt. Rosenberg arbeitete mit Polizis-
ten, Krankenpflegern und Friedensaktivisten zusammen, sogar in
Kriegsgebieten, um ihnen seine Methode zu vermitteln. In seinen
Seminaren vertrat er die Überzeugung, dass eine Kommunikation,
die in Ruhe und mit Respekt für den anderen geführt wird, der erste
Schritt in Richtung Frieden ist.

> *Wenn jemand darauf vertrauen kann, dass er in einem Konflikt gehört und ernst genommen wird, dann stehen die Chancen gut, dass er bereit ist, sich ebenfalls partnerschaftlich zu verhalten.*
>
> MARSHALL ROSENBERG (1934-2015)

EIN GAR NICHT SO BANALES BEISPIEL

So bespricht Marshall Rosenberg ein ganz konkretes Beispiel aus dem Alltag jeder Familie: Der Dialog zwischen einer Mutter und ihrem Teenagersohn, der seine Kleider nicht wegräumt, sondern im Wohnzimmer herumliegen lässt. Eine echte Konfliktsituation!

Wie geht man eine solche Auseinandersetzung an, ohne dass sich eine der beiden Parteien verletzt fühlt? Nach der Rosenberg-Methode sollte die Mutter nicht schimpfen und drohen, sondern ihrem Sohn sagen: „Wenn du deine Kleider im Wohnzimmer rumliegen lässt, anstatt sie wegzuräumen, bekomme ich schlechte Laune. Denn ich brauche eine gewisse Ordnung in den Räumen, die wir als Familie teilen. Könntest du bitte deine Sachen einsammeln und sie in dein Zimmer bringen?"

Diese Worte klingen banal, aber was ist das Besondere daran, wie sich diese Mutter an ihren Sohn wendet? Zuerst: Sie benennt eine Realität – ihr Sohn lässt seine Sachen im Wohnzimmer rumliegen, einem Raum, den die ganze Familie nutzt. Zweitens: Sie drückt aus, was sie empfindet – schlechte Laune. Drittens: Sie erklärt, warum, indem sie begründet, was sie für sich braucht – mehr Ordnung in den gemeinsamen Räumen. Und viertens: Sie verlangt von ihrem Sohn etwas klar Definiertes und Konkretes – dass er seine Sachen einsammelt und sie in sein Zimmer bringt. So miteinander zu reden ermöglicht nach Rosenberg eine Verständigung ohne Missverständnisse und eine Kommunikation, die im gegenseitigen Wohlwollen stattfindet und so Konflikte vermeidet.

TIMKAT-FEST AM TANASEE, AMHARA, ÄTHIOPIEN. Bei dieser äthiopisch-orthodoxen Feier kommen Zehntausende von Pilgern zusammen, um Jesu Taufe im Jordan zu feiern. Die Pilger halten ihre traditionellen Viehhirtenstöcke in die Höhe; einer von ihnen reißt seine Kalaschnikow hoch. Alle Glaubensrichtungen sollten jegliche Form von Gewaltanwendung ablehnen.

BRINGT DIE WAFFEN ZUM SCHWEIGEN!

Ein alter Äthiopier erzählt: „Früher kämpften die jungen Männer bei uns im Dorf mit Stöcken, um auf der Donga-Feier ihre Kraft und ihren Mut zu beweisen. Heute sind diese Kämpfe zu blutigen Auseinandersetzungen geworden. Früher gab es in meinem Dorf bei diesen traditionellen Kämpfen keine Toten. Es gab nur ein Gewehr pro Dorf. Was uns heute zum Verhängnis wird, ist die Kalaschnikow: Diese Waffe hat zu unzähligen Todesfällen geführt, die Menschen fallen wie Grashalme, man kann sie nicht zählen. Diese Waffe ist eine schlimme Sache. Es gibt keinen Frieden mehr für die junge Generation. Es gibt keinen Frieden mehr für unser Land."

In den Vereinigten Staaten, wo man sich leicht eine Waffe besorgen kann, wird der freie Waffenhandel immer wieder infrage gestellt, wenn es eine Schießerei mit Todesopfern gegeben hat. Barack Obama, der 44. Präsident der USA, erinnerte die amerikanischen Bürger daran, dass solche Taten in den USA möglich sind, weil „jemand, der

etwas Böses im Schilde führt, sich ohne Probleme eine Waffe besorgen kann." Leider ist die Mehrheit der Amerikaner dagegen, strengere Gesetze gegen den freien Verkauf von Waffen zu erlassen.

LEGALER UND ILLEGALER WAFFENHANDEL

Pistolen, Gewehre, Maschinenpistolen, Mörser, Handgranaten ... Die Anzahl dieser sogenannten „Kleinwaffen", die ohne große Schwierigkeiten erstanden werden können, wird weltweit auf 875 Millionen geschätzt. Sie werden von bewaffneten Gruppen, Kriminellen und Terroristen verwendet und töten mindestens 500.000 Menschen pro Jahr. Im Dezember 2014 haben die Vereinten Nationen mit 130 Ländern einen Vertrag über den Waffenhandel unterzeichnet (TCA), von denen sich 61 nachdrücklich dazu verpflichtet haben, den internationalen Handel von Waffen zu reglementieren und ihren illegalen Handel zu begrenzen.

KAMBIOOS CAMP, LAGER SOMALISCHER FLÜCHTLINGE IN DADAAB, KENIA.
Im Cambios Camp finden somalische Flüchtlinge Zuflucht, die vor dem Bürgerkrieg in ihrem Land geflohen sind. Über 60% der hier lebenden Flüchtlinge sind Kinder. Viele von ihnen sind allein hier. Sie haben keine Eltern mehr oder wurden von ihnen getrennt.

DIE KINDER
DES KRIEGES

EINE ZERSTÖRTE KINDHEIT

„Kinder-Soldaten": Diese zwei Wörter zu einem Wort zusammen-
zufügen ist schockierend. Dabei beschreibt der Begriff eine Realität:
Es gibt Hunderttausende Kindersoldaten auf der Welt, die täglich
Waffen bedienen. Manche Kinder schließen sich freiwillig Rebel-

lengruppen an, die ihnen ein gutes Gehalt versprechen. Andere folgen den Regierungstruppen, um ihre Eltern zu rächen, die bei einem Angriff getötet wurden, oder um in ihrem Land, in dem Krieg herrscht, zu überleben. Wieder andere werden von terroristischen Gruppen entführt. Diese Jungen und Mädchen zwischen 6 und 18 Jahren lernen in ihrer Kindheit nur Gewalt kennen. Sie werden ausgenutzt, um Landminen und Sprengstoffe auszubringen, Attentate zu begehen oder zu spionieren. Auch als Träger, Wachen, Küchenhilfen und für andere Hausarbeiten werden sie missbraucht. Ein Großteil der Mädchen, selbst wenn viele versuchen, sich dagegen zu wehren, werden als Sklavinnen ausgenutzt, sexuell ausgebeutet oder mit den Chefs der bewaffneten Gruppen zwangsverheiratet. Afrika, Mittlerer Osten, Südamerika, Asien, Europa ... In rund 20 Ländern auf der Welt kämpfen zwischen 250.000 und 300.000 Kindersoldaten.

WIEDER LEBEN LERNEN

Was passiert, wenn der Krieg vorbei ist? Wie findet man dann in ein normales Leben zurück? Wie soll man die Autorität der Eltern, der Lehrer anerkennen, wenn man als Jugendlicher mit Waffe die Erwachsenen terrorisieren konnte? Kindersoldaten fällt es äußerst schwer, sich wieder in die Gesellschaft einzugliedern. Sie haben manchmal zu viele schreckliche Dinge erlebt oder selbst begangen und sind für ihr Leben davon geprägt. Sie wissen nicht mehr, was Gut und was Böse ist. Oft weisen ihre Eltern und die Leute ihres Dorfes sie zurück, weil sie anderen gegenüber aggressiv sind. Krankheiten, Verletzungen, Unterernährung, Gewalt, Depression – auch nach Einkehr des Friedens leiden die Kindersoldaten weiter.

HANDELN - HIER UND DORT!

Diese Kinder brauchen Hilfe, um in ein Leben zurückzufinden, das nicht vorrangig von Gewalt geprägt ist. Nationale und internationale Organisationen engagieren sich, um den Kindern eine Wiederein-

gliederung in die Gesellschaft zu ermöglichen: So leitet die internationale Organisation „Terre des Hommes" verschiedene Projekte
für Kinder und Jugendliche in ihren Heimatländern, wie z. B. im
Bürgerkriegsgebiet Darfur im Sudan. Dort unterstützt die Organisation viele Kinder, die vor dem Krieg geflohen sind und Schreckliches
erlebt haben. Oder in Kolumbien, wo die Gewaltrate in manchen
Städten sehr hoch ist und viele Kinder zu Kriminellen werden. Auch
in Deutschland und Italien hilft die Organisation Flüchtlingskindern
dabei, das, was sie im Krieg und auf der Flucht erlebt haben, zu
verarbeiten und nicht daran zu zerbrechen.
Alle Projekte wollen den schwer traumatisierten Kindern dabei helfen, dass sie wieder zu sich selbst und zurück in die Gesellschaft
finden – wieder zu lernen, ein Leben ohne Gewalt zu führen, zur
Schule zu gehen, eine Berufsausbildung zu machen. Ein langer und
schwieriger Weg, auf dem die Kinder auf Hilfe von außen angewie-
sen sind.

EIN WICHTIGES DATUM

Am 12. Februar wird der Internationale Tag gegen den Einsatz von
Kindersoldaten begangen. An diesem Tag wurde 2002 ein Protokoll
der Vereinten Nationen wirksam, das den Einsatz von Kindersoldaten verbietet. Es legt fest, dass man mindestens 18 Jahre alt sein
muss, um zwangsrekrutiert werden zu können und direkt an einem
bewaffneten Konflikt teilzunehmen.

VEREINT FÜR DEN
FRIEDEN WIRKEN

AUSZUG AUS DER CHARTA DER
VEREINTEN NATIONEN, JUNI 1945 (PRÄAMBEL)

Wir, die Völker der Vereinten Nationen,
fest entschlossen

• künftige Geschlechter vor der Geißel des Krieges zu bewahren, die zweimal
zu unseren Lebzeiten unsagbares Leid über die Menschheit gebracht hat,

• unseren Glauben an die Grundrechte des Menschen, an Würde und Wert der
menschlichen Persönlichkeit, an die Gleichberechtigung von Mann und Frau
sowie von allen Nationen, ob groß oder klein, erneut zu bekräftigen,

• Bedingungen zu schaffen, unter denen Gerechtigkeit und die Achtung vor den
Verpflichtungen aus Verträgen und anderen Quellen des Völkerrechts gewahrt
werden können,

• den sozialen Fortschritt und einen besseren Lebensstandard in größerer
Freiheit zu fördern,

und für diese Zwecke

• Duldsamkeit zu üben und als gute Nachbarn in Frieden miteinander zu leben,

• unsere Kräfte zu vereinen, um den Weltfrieden und die internationale Sicherheit zu wahren,

• Grundsätze anzunehmen und Verfahren einzuführen, die gewährleisten,
dass Waffengewalt nur noch im gemeinsamen Interesse angewendet wird,
internationale Einrichtungen in Anspruch zu nehmen, um den wirtschaft-
lichen und sozialen Fortschritt aller Völker zu fördern,

haben beschlossen, in unserem Bemühen
um die Erreichung dieser Ziele
zusammenzuwirken.

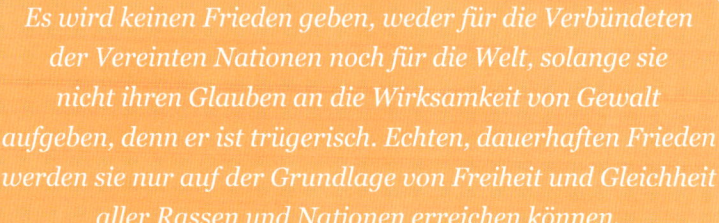

*Es wird keinen Frieden geben, weder für die Verbündeten
der Vereinten Nationen noch für die Welt, solange sie
nicht ihren Glauben an die Wirksamkeit von Gewalt
aufgeben, denn er ist trügerisch. Echten, dauerhaften Frieden
werden sie nur auf der Grundlage von Freiheit und Gleichheit
aller Rassen und Nationen erreichen können.*

MAHATMA GANDHI (1869–1948)

Vor dem Krieg hatten die Bewohner von Aleppo Tausende von Parabolantennen auf ihren Hausdächern, mit denen sie die Fernsehprogramme aus der ganzen Welt empfangen konnten. Zu Beginn des Krieges konnten sie sich so noch über die Lage im Land informieren. Inzwischen ist Aleppo eine Art Geisterstadt: Fast alle Häuser sind zerstört und die meisten Bewohner geflohen. Einige tapfere syrische Journalisten versuchen weiterhin, aus dem kriegszerstörten Land zu berichten.

AM WICHTIGSTEN IST DER FRIEDEN

Nachdem die Welt Anfang des 20. Jahrhunderts von zwei Weltkriegen (1914–1918 und 1939–1945) erschüttert worden war und Millionen von Toten zu betrauern hatte, erschien es besonders wichtig, eine internationale Institution zu gründen, die den Frieden über viele Jahre sichern würde. In einer Charta, also einem Regelwerk, verpflichteten sich die 51 unterzeichnenden Länder, den Frieden auf der Welt zu schützen.

NELSON MANDELA:
EIN MANN DER VERSÖHNUNG

DIE APARTHEID

Von 1948 bis 1990 führte die weiße Minderheit der südafrikanischen Bevölkerung – aus Angst, eines Tages von der schwarzen Mehrheit dominiert zu werden – schrittweise Gesetze zur Rassentrennung ein. Diese sollten die Weißen von den Nicht-Weißen, also den Indisch-stämmigen, den Mischlingen und den Schwarzen, abtrennen, und regelten alle Fragen des Alltags. Sie definierten zum Beispiel genau, in welchen Regionen die Nicht-Weißen wohnen durften (und in welchen nicht). Sie verboten den Schwarzen, die gleichen Busse wie die Weißen zu nehmen, in die gleichen Schulen zu gehen oder zusammen einen Beruf zu erlernen, in den gleichen Restaurants zu essen, den gleichen Strand zu besuchen oder sogar auf demselben Bürgersteig spazieren zu gehen! Schwarze Männer durften keine weißen Frauen heiraten und benötigten einen Passierschein, um zu reisen. 1991 schließlich schaffte der weiße Präsident von Südafrika, Frederik de Klerk, die Apartheid ab. Zusammen mit Nelson Mandela wurde ihm am 10. Dezember 1993 der Friedensnobelpreis verliehen.

EIN LEBEN FÜR DEN KAMPF GEGEN DIE APARTHEID

1918 in Südafrika geboren, wird Nelson Mandela nach seinem Jurastudium 1944 Mitglied der Organisation „African National Congress" (ANC). Er will sich im Kampf gegen die Apartheid engagieren – ein System der klaren Rassentrennung, das der weißen Minderheit der Südafrikaner viele Privilegien einräumt und die schwarze Mehrheit der Bevölkerung unterdrückt.

Nelson Mandela wird 1963 verhaftet und zusammen mit anderen Mitgliedern des ANC der Sabotage, des Hochverrats und der Ver-

Als Hommage an Nelson Mandela wurde ein Turm der Stromzentrale von Orlando, Soweto, mit seinem Abbild dekoriert. Soweto, wo hauptsächlich Schwarze leben, war eines der Zentren des Widerstands gegen die Apartheid.

schwörung beschuldigt. Während der Gerichtsverhandlung hält er eine dreistündige Rede, in der er erklärt, für ein einziges Ideal zu kämpfen: „Das einer freien und demokratischen Gesellschaft, in der alle in Harmonie und mit den gleichen Chancen zusammenleben. Für dieses Ideal möchte ich leben und ich hoffe, es einlösen zu können. Falls nötig, bin ich bereit, dafür zu sterben."

Mandela wird zu lebenslanger Haftstrafe verurteilt. Nach 27 Jahren Gefängnis wird er im Jahr 1990 entlassen. Nach seiner Freilassung äußert er kein Wort des Hasses, keine Rachegelüste, sondern setzt sich für die Versöhnung aller Südafrikaner ein – nach all den Jahren

NELSON MANDELA (1918–2013)

der Feindseligkeiten, der Lügen und Leiden, in denen Tausende von Menschen, die für die Anerkennung ihrer Rechte und ihrer Würde kämpften, gestorben sind.

EIN NEUAUFBRUCH: DIE REGENBOGENNATION

Mandela hatte verstanden, dass er seinen Kampf gegen die Rassentrennung nicht mit Gewalt gewinnen konnte. Wie Gandhi und Martin Luther King vertrat er die Einstellung, dass nur ein Engagement ohne Gewalt den Lauf der Geschichte verändern kann.

1994 wird Nelson Mandela der erste demokratisch gewählte Präsident Südafrikas. Das Land, das wegen der vielen verschiedenen Volksgruppen, die hier leben, auch „Regenbogennation" genannt wird, erhielt eine neue Flagge und eine neue Nationalhymne. In seiner Antrittsrede am 10. Mai 1994, die ihr in Teilen hier abgedruckt findet, plädierte Mandela für Vergebung und Versöhnung aller Südafrikaner.

Nelson Mandela stirbt am 5. Dezember 2013 im Alter von 95 Jahren bei sich zu Hause. Millionen von Menschen auf der ganzen Welt erweisen ihm die letzte Ehre.

SPIELENDE KINDER NAHE PALAU-SATOR, BAIX EMPORDÀ, PROVINZ VON GIRONA, KATALONIEN, SPANIEN. Das ist der Traum von Millionen von Kindern in Kriegsgebieten: sorglos in einer friedlichen Welt zu spielen.

SCHULE FÜR DEN FRIEDEN

SICH FÜR DEN FRIEDEN VERÄNDERN

Besser zusammenleben, ohne Gewalt, ohne Diskriminierungen; über die Folgen der eigenen Worte und Taten nachdenken; herausfinden, was man am eigenen Verhalten ändern kann, um weniger aggressiv zu sein – all das kann man lernen. Wer sich für den Frieden einsetzen möchte, sollte sich fragen, wie und warum eine bestimmte Situation zu einer Konfliktsituation geworden ist, und hierfür eine friedliche Lösung suchen.

In Grenoble gibt es seit 1998 eine Friedensschule. Ihr Ziel ist es, verantwortliche Bürger von morgen zu erziehen, die in der Lage sind, eine Welt des Friedens aufzubauen. Begegnungen, Veranstaltungen, Bücher, Spiele, Ausstellungen und Friedenswettbewerbe – alle pädagogischen Mittel werden von den Mitgliedern dieses Vereins genutzt, um Nein zu Krieg und Gewalt zu sagen.

IM NAMEN DER LIEBE

Gewalt führt zu Hass. Hass führt zu Rache ... Ist das unwiderruflich? Es gibt Menschen, die eines Tages beschließen, den Teufelskreis der Gewalt zu durchbrechen.

Am 31. März 2002 wird der Ehemann von Yaël Armanet, Dov Chernobroda, in einem Selbstmordattentat im israelischen Haifa getötet. Das Attentat, das von einem jungen palästinensischen Terroristen namens Shadi verübt wird, fordert viele israelische Tote. Daraufhin greift die israelische Armee das palästinensische Flüchtlingslager nahe der Stadt Dschenin an, aus dem der Attentäter stammt. Die palästinensischen Kräfte schießen zurück. Tausende von Menschen flüchten aus der Stadt, Hunderte verlieren ihr Leben und ein ganzes Viertel von Dschenin wird dem Erdboden gleichgemacht.

Dov Chernobroda war zwar Israeli, aber er kannte nur einen Kampf: für die Anerkennung der Rechte der Palästinenser, für den Dialog und die Versöhnung mit ihnen. Yaël Armanet, seine Frau, ist am Boden zerstört.

Sechs Jahre später sieht sie einen Dokumentarfilm, der sie erschüttert. Er erzählt die Geschichte eines palästinensischen Elternpaares, das die Organe des verstorbenen Sohnes, der von einem israelischen Soldaten getötet worden ist, spendet, um israelischen Kindern zu helfen. Yaël Armanet entdeckt so, dass eine Solidarität zwischen Eltern möglich ist, egal ob sie israelischer oder palästinensischer Herkunft sind.

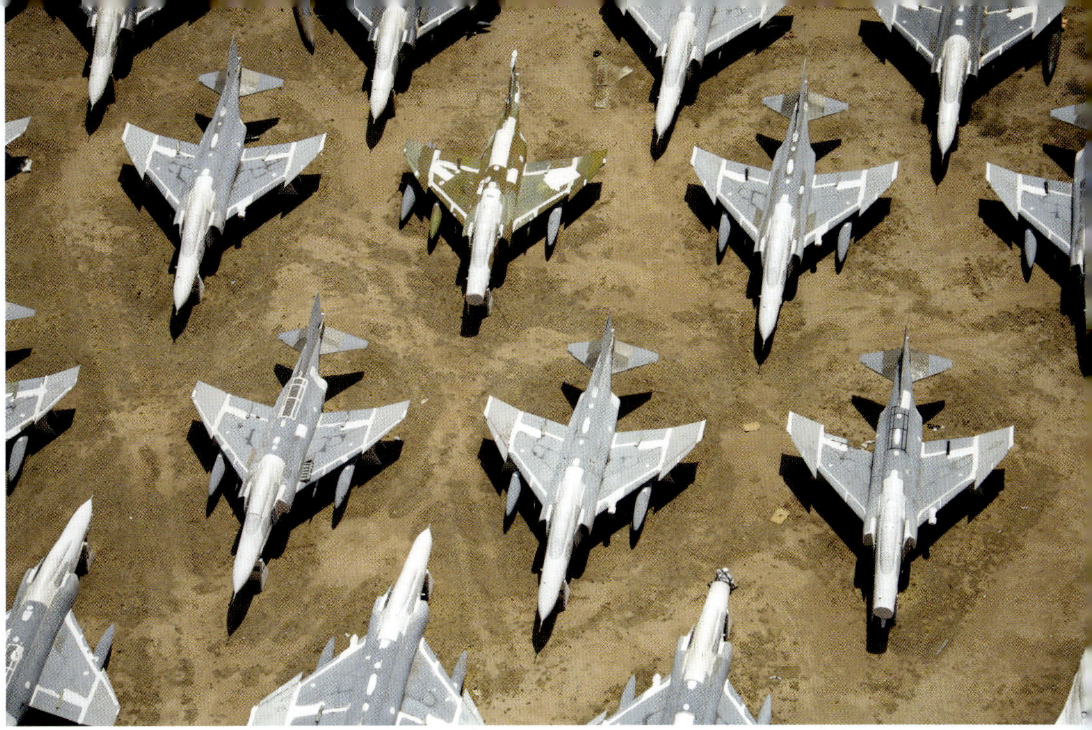

JAGDFLUGZEUGE AUF DEM MILITÄRFLUGPLATZ DAVIS-MONTHAN BEI TUCSON, ARIZONA, USA. Solange der Waffenhandel eine wichtige politische und wirtschaftliche Rolle spielt, stehen die Chancen schlecht auf weltweiten Frieden.

Der Weg ist lang und schmerzhaft für Yaël Armanet. Aus Liebe zu ihrem Mann und um seinen Kampf für den Frieden fortzusetzen, entscheidet sie sich für Versöhnung. Yaël trifft die Familie von Shadi, dem jungen Terroristen. „Ich wollte auch diesen Teufelskreis der Gewalt durchbrechen, die unser gemeinsames Land mit Blut tränkt", erklärt sie.

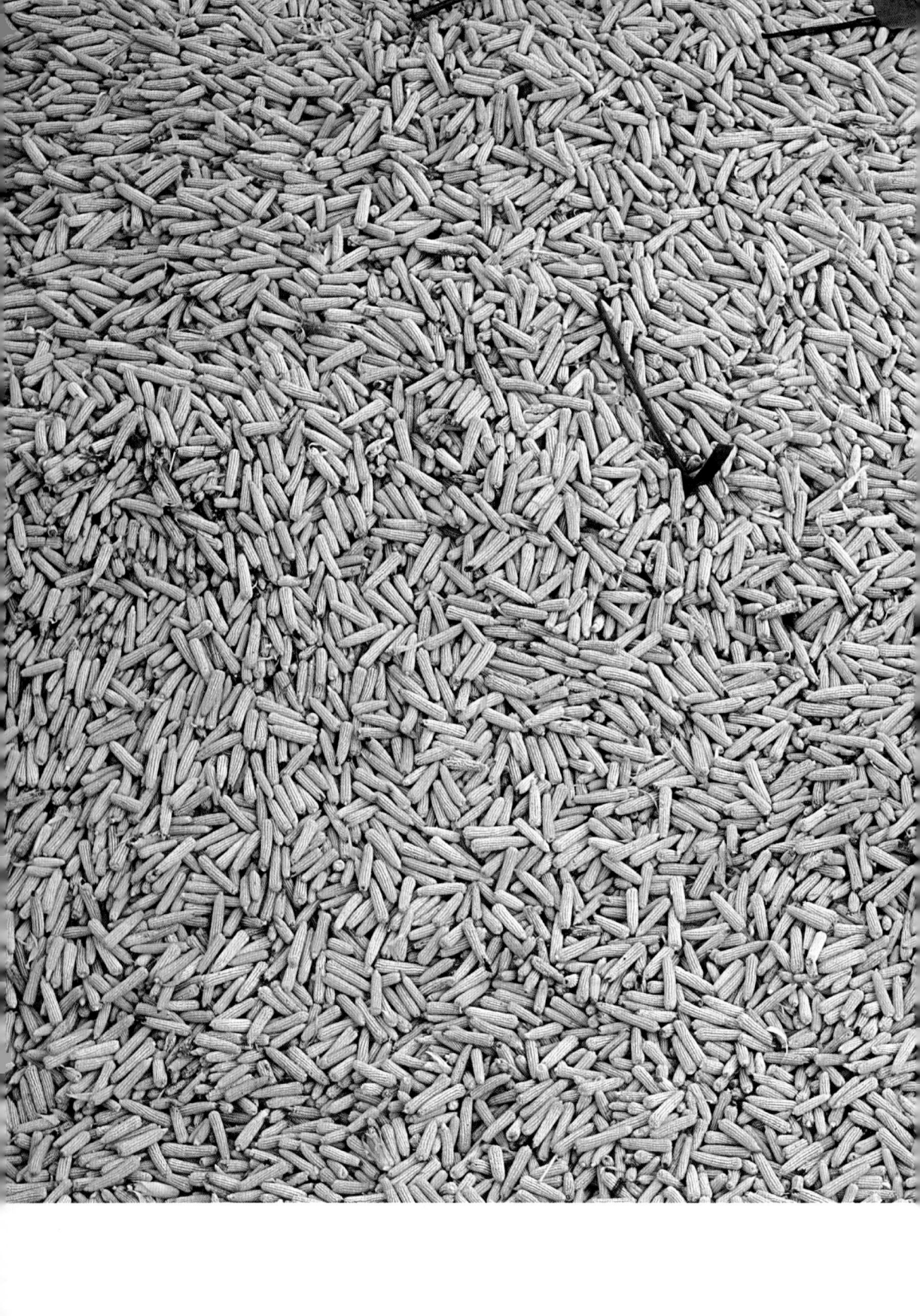

LAGERUNG VON WEISSEM MAIS AM RANDE DES NATURSCHUTZGEBIETES MASSAI MARA, KENIA. Das Volk der Massai, die ursprünglich in dem Naturschutzgebiet lebten und jagten, verpachten heute ihre Länder meist an Landwirtschaftsbetriebe. Das bringt ihnen viel mehr Geld ein, als wenn sie ihre traditionelle Viehzucht betreiben würden. Dieser Mann winkt, eine Geste der Freundlichkeit und des Wohlwollens. In einem Land, das vom Terrorismus beherrscht wird, ist dies auch eine Geste des Friedens.

MEHR

LIEBE

KORALLENRIFF, QUEENSLAND, AUSTRALIEN. Korallen sind ein wichtiges Öko-system: Sie dienen als Lebensraum für zahlrei-che Tiere und Pflanzen und als Schutz für die Küsten. Manchmal wachsen sie sogar in Herzform ...

DIE LIEBE
EINE GEHEIMNIS-VOLLE KRAFT

DIE ALLES UMFASSENDE LIEBE

Jeder hat das Bedürfnis, geliebt zu werden, und mindestens genauso sehr den Wunsch, andere zu lieben. Jeder möchte in allen Abschnitten seines Lebens seine Liebe mit jemandem teilen, weil es das ist, was uns uns lebendig fühlen lässt, menschlich und mit den anderen verbunden. Es gibt verschiedene Arten von Liebe: die kindliche Liebe, die elterliche Liebe, die eheliche Liebe, die Freundschaft ... und auch das, was man die alles umfassende Liebe nennen könnte, also dieses wohlwollende Gefühl, das wir anderen menschlichen Wesen gegenüber empfinden und das sich verstärkt, wenn es erwidert wird. Die Liebe ist ein unsichtbares Gefühl, ein wundersames Band, das die menschlichen Wesen miteinander und mit der Welt verbindet und das ihnen die Kraft geben kann, großartige Dinge zu verwirklichen. Aus der Liebe entstehen Ver-

WAS IST GLÜCK?

„Geld macht nicht glücklich". Man ist nicht automatisch glücklicher, nur weil man Millionär ist! Und auch Menschen mit sehr wenig Geld können trotz ihrer Sorgen intensive Glücksmomente erfahren. Wenn es also nicht das Geld ist, das uns glücklich macht, was ist es dann?

In einem kleinen Königreich im Himalaya, in Bhutan, hat man eine ganz eigene Antwort auf diese Frage gefunden. Dort gilt nicht das Wirtschaftswachstum als Maß aller Dinge, sondern die Zufriedenheit seiner Einwohner. Es ist das einzige Land der Welt, dem das Glück seiner Bewohner wichtiger ist als der wirtschaftliche Erfolg. Bei jedem neuen Gesetz, jeder neuen Straße, wird zunächst geprüft: Werden die Untertanen durch die Neuerung wirklich glücklicher? In einem Land, in dem 25 % der Bevölkerung unterhalb der Armutsgrenze leben, bezeichnen sich mehr als 40 % als „glücklich". Biologische Landwirtschaft, Bildung für alle, kostenlose Gesundheitsfürsorge und nachhaltige Nutzung der Minen und Wälder ... Je mehr man in Dinge und Taten investiert, die Mensch und Erde achten, desto glücklicher ist man in Bhutan.

BOOTE AM UFER DES QARUN-SEES, SENKE VON AL-FAIYUM, ÄGYPTEN

BAUMWOLLERNTE IN DER UMGEBUNG VON BANFORA, BURKINA FASO. Im Süden von Burkina Faso wird die Baumwolle immer noch mit der Hand gepflückt. Nach der Ernte werden die Fasern für den Verkauf zu Ballen gepresst. Während seine Mama arbeitet, schläft dieses Kind sorglos auf der wahrscheinlich weichsten aller Matratzen. Ein einfacher und schöner Moment, dessen Kraft der Liebe uns berührt.

gebung, Achtung, Toleranz, Großzügigkeit und Güte, Selbstlosigkeit und Wohlwollen – ein bunter Strauß an Werten und positiven Verhaltensweisen, die zu Quellen des Glücks werden und unsere Welt menschlicher und besser machen können.

Die Liebe zeigt sich auch in jenen kurzen Augenblicken, in denen wir uns wohlfühlen: während eines besonderen Moments mit der Familie, eines gewonnenen Spiels im Kreis der Freunde, beim gemeinsam laut Lachen, beim Betrachten einer schönen Landschaft oder nach einem persönlichen Erfolgserlebnis ...

HIER ETWAS WENIGER, DORT ETWAS MEHR

DEN PLANETEN TEILEN

Auf unserer Erde sind die natürlichen Ressourcen sehr ungleich verteilt. Doch das rechtfertigt nicht, dass einige wenige von allem profitieren, während andere gar nichts haben. Dort, wo es mehr gibt, könnte man sich doch mit dem Wesentlichen zufrieden geben und mit denen teilen, die weniger haben! Seltsamerweise sind aber oft gerade diejenigen, die am wenigsten haben, die großzügigsten. Woran das wohl liegt?

VON MENSCH ZU MENSCH, VON LAND ZU LAND

Nicht nur wir Menschen können uns die Hand reichen, Länder können das auch! Wenn die reichen Länder etwas von ihrem Wohlstand an andere Länder abgeben, die weniger besitzen, nennt man das internationale Entwicklungshilfe. Im Jahr 2015 wurden von den sogenannten Geberländern rund 120 Milliarden Euro an Entwicklungshilfe für die ärmeren Staaten dieser Erde bereitgestellt. Die Europäische Union hat dazu einen großen Beitrag geleistet und

DIE GESCHICHTE DER TAFELN

Die erste deutsche Tafel wurde 1993 von den Berliner Frauen e.V. in Berlin gegründet. Die engagierten Frauen wollten vor allem die Situation der Obdachlosen verbessern. Ihnen gefiel das Konzept der City Harvest in New York. So begannen sie bei Supermärkten, auf Märkten, in Restaurants etc. Lebensmittel einzusammeln, die nach den Gesetzen der Marktlogik „überschüssig", qualitativ aber in Ordnung waren, um diese an bedürftige Menschen und soziale Einrichtungen weiterzugeben.

Durch das große Interesse der Medien verbreitete sich die Idee, von der alle Beteiligten profitieren, im ganzen Land: Bedürftige erhalten inzwischen bei über 2.100 Ausgabestellen deutschlandweit für wenig Geld oder sogar kostenlos Nahrungsmittel, Lebensmittelhändler und -hersteller übernehmen soziale Verantwortung. Und nebenbei reduziert sich der anfallende Müll zugunsten der Umwelt, und wertvolle Ressourcen werden geschont.

Viele Spender und Sponsoren helfen heute mit, die Arbeit der Tafeln möglich zu machen. Und rund 60.000 Menschen in Deutschland stellen ihre Freizeit, ihr Wissen und ihre Energie und Tatkraft in über 900 Tafel-Gruppen ehrenamtlich zur Verfügung. Auch viele junge Menschen engagieren sich aus Überzeugung (www.junge-tafel.de).

Luftfahrt ohne Grenzen e.V. und ihre französische
Schwester Aviation sans frontières gehören zu den internationalen
Nichtregierungsorganisationen, die in Afrika helfen. In der Region
Casamance, die abgeschottet und medizinisch nur schlecht versorgt ist,
stellen Rettungsflugzeuge sicher, dass Kranke aus dem Krisengebiet in
die nächstgelegenen Krankenhäuser gebracht werden können.

ist einer der wichtigsten Geber in der Welt: Kampf gegen den Hun-
ger, Verbesserung der Gesundheit, Friedensarbeit, Flüchtlingshilfe,
Bildung, Bau von Straßen, Schulen und Krankenhäusern, sportliche
und kulturelle Aufbauarbeit ... All das sind Bereiche, in denen die
internationale Solidarität grundlegend ist.

HANDELN MACHT GLÜCKLICH

DER MENSCH IST ZUM HÖCHSTEN FÄHIG

Oft heißt es, der Mensch sei zum Schlimmsten fähig. Schaut man sich um, was tagtäglich in der Welt passiert, stimmt das auch. Aber der Mensch ist auch zum Besten fähig! Und einige haben sich dem Besten verschrieben, ihr Leben lang.

Letztendlich verfügt der Mensch nur über ein ziemlich kurzes Leben. Er kann es dazu nutzen, um in seinem Umkreis Gutes zu tun und alles zu geben, damit die Welt ein bisschen besser wird. Einige leisten Großes, andere tragen kleine Dinge bei. Aber unabhängig davon, was man tut, verleiht das Tätigwerden für andere unserer Existenz einen Sinn. Was uns zum Handeln antreibt, ist die Hoffnung: diese innere Kraft, die uns Energie gibt, Geduld und Fantasie – alles, was wir brauchen, um eine bessere Welt zu gestalten und Berge zu versetzen!

»ZEIT IST GELD«

Freie Zeit ist viel wert – das besagt dieses Sprichwort. Man kann also etwas Kostbares verschenken, wenn man sich in einem kleinen Teil seiner Freizeit in einem Verein oder einer Vereinigung engagiert, ohne dafür eine finanzielle Gegenleistung zu erwarten. In der ehrenamtlichen Arbeit ist das so. Im Ehrenamt ist es kein Problem, dass der Gebende für seine Arbeit nicht bezahlt wird, denn er bekommt viel zurück, was man mit Geld nicht bezahlen kann: die Befriedigung, sich in einem Gemeinschaftsprojekt zu engagieren, die Freude darüber, seine Zeit, seine Kraft und sein Wissen in etwas anderes als sich selbst zu stecken, die Zufrieden-

IM DIENST FÜR DIE NATUR

Jugendliche im Alter von 16 bis 27 Jahren können in Deutschland und in Österreich ein freiwilliges Ökologisches Jahr (FÖJ) bzw. ein Freiwilliges Umweltjahr (FUJ) machen. Sie arbeiten dann zum Beispiel im Land- oder Gartenbau, in der Forstwirtschaft, machen Verbandsarbeit, helfen in Umwelt-, Tier- und Naturschutzzentren, sammeln Abfälle ein oder, oder ... Es gibt viele Möglichkeiten, für unseren Planeten aktiv zu werden. Bist Du dabei?

GEWITTER ÜBER DEM AMAZONAS-URWALD IN DER NÄHE VON TEFE, BUNDESSTAAT AMAZONAS, BRASILIEN. Wie ein Zeichen der Hoffnung spannt sich dieser zarte Regenbogen vor dem bedrohlich schwarzen Himmel über den Amazonas-Regenwald, den größten Wald der Welt.

heit, nicht mehr nur an sich zu denken ... Alles positive Gefühle, die einen dazu bringen, dass man sein Leben von einer anderen Warte aus sieht.

Viele Menschen auf der Welt engagieren sich ehrenamtlich. Das beweist, dass der Mensch tief in seinem Herzen sehr großzügig ist. Im Jahr 2010 waren es 93 Millionen Europäer, die sich in einer Vereinigung eingebracht haben, fast ein Viertel der Bevölkerung über 15 Jahre. In Deutschland engagieren sich im Verhältnis sogar noch mehr Menschen freiwillig: Im Jahr 2014 waren es 43,6 Prozent der deutschen Bevölkerung über 14 Jahre – also 30,9 Millionen Menschen. Sport, Kultur, Umwelt, soziales Engagement, ob zu Hause oder im Ausland: Wenn man ein bisschen Zeit übrig hat und etwas für die Gemeinschaft tun möchte, findet man mit Sicherheit den für sich richtigen Verein oder die passende Vereinigung!

ZEHNTAUSEND HERZEN GEGEN AIDS. LE MANS, FRANKREICH. Fast 6000 Personen im roten T-Shirt haben sich für dieses Foto versammelt, das als Postkarte verkauft wird. Mit den Einnahmen unterstützen die Veranstalter Vorsorge- und Hilfsmaßnahmen für AIDS-Opfer in Mali.

GEBEN, WAS MAN GERNE BEKOMMEN WÜRDE

*Wer weder Geld noch Gaben noch Zeit hat,
kann doch immer noch das einfachste und
verständlichste Geschenk überreichen, das wir
Menschen zu verschenken haben: ein Lächeln!
Es ist wie eine Miniportion Liebe, denn unser
Lächeln sagt: „Du bist da, vor mir, ich sehe dich
und bin froh, dass wir uns begegnet sind."
Eine Botschaft, die guttut.*

YAK-KARAWANE IN DEN DÜNEN NAHE SKARDU, GILGIT-BALTISTAN, PAKISTAN. Die Größe, Weite und Unveränderlichkeit der Wüste stehen im Kontrast zu der Kleinheit und Zerbrechlichkeit des Menschen und der Vergänglichkeit unserer Existenz. Und in diesen schwindelerregenden Unterschieden liegen die ganze Schönheit und das Geheimnis der Erde und der Menschheit.

Weitere Titel von Yann Arthus-Bertrand und Anne Jankéliowitch bei Gabriel:
Kinder, die die Welt verändern

Mehr über unsere Bücher, Autoren und Illustratoren auf: www.gabriel-verlag.de

Arthus-Bertrand, Yann; Jankéliowitch, Anne; Laffon, Martine
Wie geht's dir, Welt, und was ist morgen?
ISBN 978 3 522 30469 6

Die Originalausgabe erschien unter dem Titel
„Raconte-moi une terre pour demain"
© 2015, Éditions De La Martinière Jeunesse, une marque de La Martinière Groupe Paris
All rights reserved.

Text: Anne Jankéliowitch und Martine Laffon
Fotos: Yann Arthus-Bertrand, © ALTITUDE/Yann Arthus-Bertrand,
mit Ausnahme des Fotos auf S. 145: © Dorothée Martin
Bildredaktion: Françoise Jacquot

Aus dem Französischen von Kristina Petersen

Lektorat: Katja Schüler
Layout und Satz: Dagmar Herrmann, two-up
Einband- und Innentypografie: Dagmar Herrmann, two-up
Korrektorat: Sonja Hartl
Reproduktion: Digitalprint GmbH
Druck und Bindung: Livonia Print, Riga

MIX
Papier aus verantwor-
tungsvollen Quellen
FSC® C002795

Mit Dank zitieren wir:

Geneviève de Gaulle-Anthonioz, Mitglied der Résistance und Präsidentin der Menschenrechtsbewegung ATD (1920-2002)

Epikur, griechischer Philosoph (341-270 v. Chr.)

Dalai Lama, tibetischer Mönch (*1935)

Pierre Rabhi, französischer Bauer, Schriftsteller und Denker (*1938)

Aristoteles, griechischer Denker (384 -322 v. Chr.)

Martin Luther King, schwarzer Pastor und Bürgerrechtler (1929-1968)

Victor Hugo, französischer Schriftsteller (1802-1885)

Leonardo da Vinci, italienischer Universalgelehrter (1452-1519)

Emily Kimbrough, amerikanische Autorin und Journalistin (1899-1989)

Francis Bacon, englischer Philosoph, Staatsmann und Wissenschaftler (1561-1626)

Aimé Césaire, afrokaribisch-französischer Schriftsteller und Politiker (1913-2008)

Mahatma Gandhi, indischer Widerstandskämpfer (1869-1948)

Voltaire, französischer Denker (1694-1778)

Lilian Thuram, Ex-Fußballspieler in der französischen Nationalmannschaft (*1972)

Alfred de Vigny, französischer Schriftsteller (1797-1863)

Amadou Hampâté Bâ, malischer Schriftsteller (1900/1901-1991)

Malala Yousafzai, Friedensnobelpreisträgerin (*1998)

Yves Michaud, französischer Philosoph der Gegenwart (*1944)

Marshall Rosenberg, US-amerikanischer Psychologe (1934-2015)

Baruch de Spinoza, niederländischer Philosoph (1632-1677)

Nelson Mandela, südafrikanischer Widerstandskämpfer und Politiker (1918-2013)

Vergil, lateinischer Dichter (70-19 v. Chr.)

BILDUNTERSCHRIFTEN

S. 2/3
Flusswindungen des Flusses Tuul, Provinz Töw, Mongolei.

S. 4
Nationalpark Lençóis Maranhenses, Bundesstaat Maranhão, Brasilien.

S. 174/175
Von Menschen angehäufte Erdhügel in der Nähe von Tchekapika,
Region Cuvette, Republik Kongo.